21
Razones
por las que
Suceden
Cosas Malas
a Personas Buenas

Dave Earley

inspiración para la vida
CASA PROMESA
Una división de Barbour Publishing, Inc.

©2010 por Dave Earley

ISBN 978-1-61626-097-2

Título en inglés: *21 Reasons Bad Things Happen to Good People,* ©2007 por Dave Earley

Desarrollo editorial: *Semantics,* P.O. Box 290186, Nashville, TN 37229
semantics01@comcast.net

El autor está representado por el agente literario Les Stobbe.
Publicado por Casa Promesa, P.O. Box 719, Uhrichsville, Ohio 44683
www.casapromesa.com.

Nuestra misión es publicar y distribuir productos inspiradores que ofrezcan valor excepcional y motivación bíblica al público.

Impreso en Estados Unidos de América

Reconocimientos

Gracias al gran equipo de personas que hizo que este proyecto fuera un gozo:

- Cathy, por ser mi compañera de viajes durante los últimos veintiséis años, por ser de tanto ánimo y por orar por cada palabra, editarla y revisarla.
- Luke, Andrew y Daniel, por permitirme contar algunas de sus historias y por hacer que me sienta orgulloso.
- Carol, por tus increíbles oraciones y apoyo.
- Sandy, por ser un modelo de perseverancia en la aflicción.
- Steve, por ser mi hermano favorito.
- Rod Bradley, Dave Jackson, Paul Coppel y los demás hombres fuertes, por sus oraciones y ánimo.
- Terry Faulkenberry, Dave Martin y Frank Carl, ustedes han ayudado en las labores de pastorado durante nuestra transición.
- Jim, Joan Angus, Dan Mitchell, Matt Chittum, Sujo John y Saint Bert, por permitirme relatar sus historias.
- Dave Wheeler, Rebecca Autry, Neil Grobler, Juan Dugan, David Brinkley, Becky Mahle, Julie Moore, Allen Anjo y Chelsea Burkhalter, son unos maravillosos compañeros del equipo de LCMT.
- Elmer Towns, algún día quizá te alcance.
- Paul Muckley, es una alegría trabajar contigo.
- Les Stobbe, por abrir la puerta.
- Kelly Williams, por gestionar el proceso interno, y Yolanda Chumney, por hacerte cargo de la composición tipográfica.

Tabla de contenido

Introducción: ¿Por qué?

> *"Llevo un año sin orar… Cada vez que intento orar, me doy de frente con la misma pared enorme y negra: '¿Por qué? ¿Por qué dejó Dios que ocurriera esto?'"*

Yo era estudiante de último año en una universidad cristiana, y también supervisor de una residencia de chicos jóvenes. En el comienzo del nuevo año escolar, nos habíamos unido a una residencia de chicas para tener una reunión mixta. Hay que saber que esta universidad cristiana era bastante estricta, por lo que una reunión mixta era un acontecimiento emocionante. Los chicos lo veían como una manera discreta de conocer muchas chicas.

Después, todos los chicos estaban llenos de energía, especialmente los novatos. Es decir, todos los chicos estaban emocionados salvo uno. Su nombre era Jim. Estaba llorando, así que me senté a su lado y le pregunté:

—¿Qué te ocurre?

—Nada —dijo, intentando secarse las lágrimas.

—Te pasa algo —le dije—. Cuéntame.

Él comenzó a atascarse con las lágrimas mientras respondía.

—Esta noche oré.

Yo pensaba: ¿Por qué la oración es algo tan trascendental? Esta es una universidad cristiana, *y hacíamos a todos decir una oración como parte del programa.*

—Pero todos lo hacemos —dije yo.

—Sí —respondió él—, pero ha sido la primera vez que he orado en más de un año.

Jim siguió contándome su historia. Había crecido en una familia cristiana comprometida y anteriormente le había ido bien espiritualmente, orando a diario. Había llegado a una universidad cristiana porque quería ser pastor; sin embargo, durante todo el año anterior no tuvo ninguna relación con Dios. No tenía fe, y lo único que sentía era un vacío, una honda amargura y muchas dudas. Cada vez que intentaba orar, había una palabra grande y fea que se lo impedía. ¿Por qué? ¿Por qué? ¿Por qué?

¿Qué le había ocurrido para apartarse de Dios?

—Mi hermana mayor es la mejor persona que jamás he conocido. Amaba a Dios, estaba involucrada en todo en la iglesia, y nunca hacía nada malo —me explicó.

—Hace poco más de un año, cierto hombre estuvo con ella. La golpeó y la violó brutalmente —dijo Jim con sus dientes apretados.

—Ella es la mejor persona y la mejor cristiana que conozco —sollozaba; después se tragó las lágrimas y me miró—. ¿Por qué permite Dios que sucedan cosas tan terribles a personas buenas?

Tengo que admitir que realmente no sabía qué decir. ¿Cómo responderías tú a su pregunta? ¿Qué dirías ante un dolor tan terrible?

¿Por qué *sí suceden* cosas malas a personas buenas? Es una pregunta que todos nos hacemos. Cada día en los periódicos leemos historias trágicas de sufrimiento, dolor y maldad en el planeta tierra. Cosas horribles suceden a personas muy buenas. Hombres con grandes familias y madres solteras pierden sus trabajos, la gente padece cáncer, hay inundaciones e incendios devastadores, huracanes y tornados; bebés mueren o nacen con enfermedades muy graves, las personas sufren robos, atracos, violaciones, abusos o son asesinadas. En algunas partes del mundo, los cristianos son torturados por su fe.

¿Por qué suceden cosas tan terribles a personas buenas? Es una pregunta que se puede convertir fácilmente en una gran fuente de amargura en nuestras vidas o en las vidas de las personas que amamos.

Dolor, sufrimiento y maldad son realidades incesantes que no desaparecerán hasta que estemos en el cielo. Hasta entonces, ¿qué hemos de hacer y pensar cuando cosas malas sucedan a personas buenas?

Este libro intenta responder a la pregunta de Jim: "¿Por qué Dios permite que sucedan cosas malas a personas buenas?" Es un estudio bíblico de posibles beneficios que llegan a nuestras vidas a través del sufrimiento. Considera veintiuna razones posibles por las que cosas malas suceden a personas buenas. Está pensado para ser informativo, inspirador y alentador. Espero que al leerlo tu fe aumente para que puedas hacer frente a la inevitable angustia, la desesperación, las dudas y las tinieblas que encontrará tu alma cuando las dificultades devastadoras te golpeen. Pero antes de comenzar, permíteme encuadrar nuestra discusión recordándote varios principios importantes.

1. Dios no está obligado a darnos una explicación del sufrimiento.

Algunos dicen que no quieren creer en ningún dios a menos que puedan entenderle, pero he descubierto que un dios al que se pueda comprender del todo no es verdaderamente un Dios. Estoy contento de que el Dios al que adoro, el Dios al que sirvo, el Dios en quien confío en medio del sufrimiento, el dolor y la maldad sea mayor de lo que yo pueda entender totalmente.

¿Cuál es el tamaño de nuestro Dios? Nuestro Dios es mayor de lo que podemos entender y, por tanto, lo suficientemente grande como para conocernos bien. Él es un Dios que simplemente está fuera de toda explicación. Es lo suficientemente grande como para que podamos confiar en Él.

No queremos oírlo, pero es verdad. Dios no está obligado a responder a nuestras preguntas. En esta vida, quizá nunca veamos o entendamos completamente por qué suceden muchas cosas. De eso se trata la fe. Es confiar en Dios *en medio de,* confiar en Dios *a pesar de,* confiar en Dios no sólo cuando podemos ver, sino también *cuando no podemos ver.*

2. Dios nos ha dado muchas explicaciones si las buscamos y aceptamos.

La Biblia nos da muchos principios y ejemplos para señalarnos hacia razones potencialmente productivas por las que suceden cosas malas a personas buenas. Las historias de cristianos que han padecido un sufrimiento severo demuestran que Dios es capaz de producir mucho bien de las cosas malas que vivimos. Este libro trata muchos posibles beneficios positivos que llegan a la vida del cristiano a través del sufrimiento.

3. Dios puede hacer más de una cosa buena a través de las cosas malas que nos suceden.

¿Alguna vez has tenido el gusto de soltar una piedra muy pesada en un estanque de aguas tranquilas y ver las ondas circulares que emanan del centro? Lo mismo sucede con nuestros episodios de sufrimiento. A menudo caen como una pesada piedra en un estanque de aguas quietas y muchos buenos propósitos emanan desde ese punto. Puede que no sepamos la razón exacta por la que nos suceden cosas malas, pero podemos saber que, como consecuencia de algo malo, saldrá algo bueno (a menudo cosas buenas en muchas áreas).

4. Dios sabe lo que es sufrir, y sabe cómo ayudarnos en nuestro sufrimiento.

A veces cuando estamos heridos, nos sentimos solos y que, de todas las personas, Dios no tiene ni idea de lo que estamos experimentando. Eso es una mentira. Hace dos mil años, Dios dejó el paraíso para poder experimentar nuestro dolor. No sólo vio nuestro sufrimiento, sino que lo probó, lo sufrió, lo vivió, y murió como resultado de ello.

El definitivo y puro retrato de algo malo que le pueda ocurrir a una buena persona es la cruz. Jesucristo fue la única persona sin pecado que haya vivido jamás. Es el Hijo de Dios y Dios Hijo. Sin embargo, experimentó lo peor. Dolor, sufrimiento, tristeza y maldad resultantes del pecado llenaron la copa que Jesús se bebió del todo.

El caso extremo de algo malo que le ocurre a una persona realmente buena fue cuando la única persona verdaderamente buena, Jesús, fue crucificado por nuestros pecados.

¿Estás luchando con la angustia emocional? Muchas de las personas a las que Jesús había sanado amorosamente y alimentó pidieron su crucifixión. Su amigo le traicionó, su mejor amigo le negó, y sus seguidores le abandonaron. Le escupieron y se burlaron de Él. Jesús conoce el dolor emocional.

¿Te sientes frustrado por la injusticia? Los testigos en el juicio de Jesús mintieron acerca de Él. Los tribunales actuaron ilegalmente para acusarle. Incluso el gobernador, después de decir claramente: "No encuentro falta en este hombre", le condenó a muerte.

¿Sufres dolor físico? Recuerda que Jesús fue golpeado. Él fue azotado casi hasta morir con un látigo diseñado para despedazar y arrancar la piel de su cuerpo. Sufrió la crucifixión: el tipo de ejecución más doloroso que los romanos pudieron imaginar. Jesús murió por falta de aire, tuvo que hacer fuerza contra los clavos que atravesaban sus pies y sus muñecas durante horas delante de una despiadada multitud.

¿Es tu lucha contra el tormento espiritual? El eternamente inocente, Jesús, soportó sobre Él la suciedad de nuestros pecados. Su propio Padre tuvo que darle la espalda a su Hijo, ahora cubierto de pecado. Las tinieblas, el tormento y el infierno llenaron la copa que Él bebió por nosotros.

Imagínate la insoportable agonía del Padre celestial, al verse forzado a darle la espalda a su Hijo cuando éste más le necesitaba después de toda una eternidad en unión con su Hijo. Imagínate tener el poder para quitar todo el dolor de su Hijo pero saber que hacerlo supondría dejar al mundo con la maldición del pecado.

¿Acaso no está Dios familiarizado con el dolor? Por supuesto que sí, y a un nivel mucho más alto, profundo y ancho de lo que podemos imaginar, Dios experimentó exactamente lo que es que cosas malas sucedan a personas buenas. Él sabe lo que es sufrir, y sabe cómo ayudarnos en nuestro sufrimiento.

¿Tienes una profunda angustia? ¿Estás luchando contra la amargura? ¿Estás mirando fijamente a una gruesa pared de dudas y preguntas? ¿Te sientes extenuado por el dolor?

Necesitas a Dios. Toma tu dolor y conviértelo en una oración. Habla con Dios. Cuéntale cuáles son tus heridas, y dile que necesitas ánimo.

Él está ahí.

La razón que nadie quiere oír

1

Quizá estés preparado para adentrarte en este libro y leer una colección de principios de ánimo e historias edificantes de Dios haciendo que pasen cosas buenas en medio de situaciones muy malas. No te culpo. El sufrimiento puede ser increíblemente desalentador. Cuando estamos heridos, necesitamos cada gota de ánimo que podamos obtener. Así que, adelante, te sugiero que te saltees este capítulo y vayas directamente al capítulo 2. Encontrarás veinte capítulos que vigorizarán tu alma. Estírate y ve lo increíble que es Dios, y cómo saca tantas cosas positivas de las negativas que permite que experimenten sus hijos.

Pero si no tienes tanta urgencia, te sugiero que vayas despacio y leas este capítulo. Te servirá como un gran marco que será de utilidad para entender el tema de porqué Dios permite que sucedan cosas malas a personas buenas. Pero déjame advertirte: este capítulo es el que nadie quiere oír. Antes de comenzar, es importante entender que cuando preguntamos: "¿Por qué suceden cosas malas a personas buenas?", hay suposiciones incluso detrás de por qué hacemos una pregunta así.

Las suposiciones tras la pregunta

Cuando preguntamos: "¿Por qué un Dios bueno permite que sucedan cosas malas a personas buenas?", hacemos esta pregunta basándonos en tres suposiciones lógicas.

1. El mundo está lleno de sufrimiento y maldad.
2. Dios creó el mundo.
3. Por tanto, ¡Dios es quien tiene la culpa!

1. "El mundo está lleno de sufrimiento y maldad". No cabe duda al respecto. El dolor y el sufrimiento llenan las portadas de la prensa cada día de nuestras vidas. Vivimos en un mundo lastimado.

2. "Dios creó el mundo". La Biblia es muy clara sobre el hecho de que Dios es el Creador del universo (Génesis 1:1). Este mundo complejo tuvo que venir de algún lado. Este efecto tuvo que haber sido causado. Los cristianos saben que Dios es la última Causa no causada que hizo que este universo existiera.

3. "Por tanto, ¡Dios es quien tiene la culpa!" Suponemos que, si Dios es tan bueno, entonces evitaría que cosas malas sucedan, pero lo cierto es que Él no detiene esto. Así que, o bien Dios no es tan bueno, o no es lo suficientemente poderoso para impedir que ocurran cosas malas.

Una respuesta bíblica a las suposiciones

La Biblia ofrece una respuesta clara acerca de culpar a Dios del sufrimiento y la maldad: No, Dios no es quien tiene la culpa. Considera estas cinco verdades bíblicas:

1. Dios creó el mundo bueno.

> *Dios, en el principio, creó los cielos y la tierra. ... Dios miró todo lo que había hecho, y consideró que era muy bueno.*
> GÉNESIS 1:1, 31

Sí, Dios creó el mundo; pero observa esas cuatro últimas palabras de Génesis 1:31: "era muy bueno". La palabra "bueno" usada aquí significa "admirable, apropiado, grato, totalmente aprobado". Cuando Dios creó el mundo, no había terremotos, huracanes, inundaciones, sequías, enfermedades, asesinato, suicidio o delitos. El mundo que Dios hizo era muy bueno. Era el Paraíso.

2. Dios creó a las personas con la capacidad de escoger.

Y Dios creó al ser humano a su imagen; lo creó a imagen de Dios. Hombre y mujer los creó.
GÉNESIS 1:27

Ser hecho a la imagen de Dios es lo que hace que las personas sean diferentes de los animales. Los animales no tienen una conciencia de Dios y no pueden tomar decisiones morales. Los seres humanos sí. Dios les dio a las personas la capacidad de escoger por varias razones.

En primer lugar, la decisión es la esencia del amor. Dios nos deja decidir porque Dios nos ama y quiere que decidamos amarle. Paul Little ha escrito:

Pero muchos preguntan: "¿Por qué no hizo Dios al hombre de tal forma que no pudiera pecar?" Ciertamente, Él podía haberlo hecho, pero recordemos que si lo hubiera hecho así ya no seríamos seres humanos, sino máquinas. ¿Le gustaría casarse con una muñeca que habla? Cada mañana y cada noche podría tirar de la cuerda y obtendría las bonitas palabras: "Te amo". ¡Nunca habría palabras malsonantes, ni conflicto alguno, ni diría o haría nada que le entristeciera! ¿Pero quién querría eso? Tampoco habría amor alguno. El amor es voluntario. Dios podría habernos hecho como robots, pero hubiéramos dejado de ser [humanos]. Aparentemente Dios pensó que valía la pena arriesgarse a crearnos tal como somos.[1]

En segundo lugar, la decisión siempre entraña un riesgo. Cuando Dios nos deja escoger, nos deja correr un riesgo. J. B. Philips dice: "La maldad es inherente en el arriesgado don del libre albedrío".[2] Tiene razón.

Cuando nuestros hijos eran más pequeños, les dimos lo que llamábamos "el reto del verano". Normalmente les pedíamos que hicieran un proyecto durante el verano, y si lo hacían, obtenían la recompensa que ellos eligieran.

Uno de los primeros años que lo hicimos, les desafiamos a memorizar y recitar los ocho versículos llamados "las Bienaventuranzas" (Mateo 5:3-12). Tenían que aprenderse uno por semana. Al final del verano, podían elegir el juguete que quisieran, hasta un cierto precio, en el Palacio de los Niños. Yo les dejaba libremente por la tienda y les daba treinta minutos para que escogieran. Mi esposa, Cathy, estaba segura de que escogerían algo muy educativo. Yo no estaba tan seguro.

¿Qué crees que escogieron? ¿Juegos educativos? Claro que no. Escogieron instrumentos de destrucción: ¡rifles de juguete! Debíamos haberlo imaginado. Son chicos, y a los chicos les gustan las pistolas. Dejarles que decidieran fue un riesgo.

3. La gente escogió la maldad.

Y le dio este mandato: «Puedes comer de todos los árboles del jardín, pero del árbol del conocimiento del bien y del mal no deberás comer. El día que de él comas, ciertamente morirás.»
GÉNESIS 2:16-17

La mujer vio que el fruto del árbol era bueno para comer, y que tenía buen aspecto y era deseable para adquirir sabiduría, así que tomó de su fruto y comió. Luego le dio a su esposo, y también él comió.
GÉNESIS 3:6

Dios les dio a Adán y Eva una elección. ¿Qué escogieron ellos? Escogieron desobedecer. Escogieron el mal.

4. Su elección introdujo la maldad en el mundo.

Por medio de un solo hombre el pecado entró en el mundo, y por medio del pecado entró la muerte; fue así como la muerte pasó a toda la humanidad, porque todos pecaron.
ROMANOS 5:12

Phillips escribe: "El ejercicio del libre albedrío en la dirección del mal… es la razón básica de la maldad y el sufrimiento en el mundo".[3] Cuando pensemos en culpar a Dios de la maldad en este mundo, debemos detenernos y recordar que los seres humanos introdujimos la maldad en el mundo, y no Dios.

5. *Su decisión ha tenido consecuencias duraderas.*

Desde el huerto de Edén, la decisión de Adán y Eva ha tenido unas implicaciones duraderas. En primer lugar, el mundo ha dejado de ser bueno.

Porque fue sometida a la frustración. Esto no sucedió por su propia voluntad, sino por la del que así lo dispuso. Pero queda la firme esperanza de que la creación misma ha de ser liberada de la corrupción que la esclaviza, para así alcanzar la gloriosa libertad de los hijos de Dios. Sabemos que toda la creación todavía gime a una, como si tuviera dolores de parto.
ROMANOS 8:20-22

La Biblia enseña que no siempre hay una correspondencia personal entre el pecado y el sufrimiento. Cuando los seres humanos le dijimos a Dios que se alejara, Él respetó parcialmente nuestra petición. La naturaleza comenzó a rebelarse. La tierra quedó maldita. Comenzaron así los fallos genéticos y las enfermedades, y el dolor y la muerte se convirtieron en parte de la experiencia humana. La buena creación se había estropeado. Vivimos en un mundo injusto. Nacemos en un mundo caótico e injusto a causa de una humanidad que se ha rebelado contra su Creador.[4]

¿Por qué hay terremotos? La respuesta es porque vivimos en un mundo maldito por el pecado que tiene fallas subterráneas. ¿Por qué nos enfermamos? La respuesta es porque vivimos en un mundo con gérmenes. Ya no vivimos en el Paraíso. Ahora el mundo es anormal;

el mundo ha dejado de ser bueno, tiene fallos, al igual que todo lo que hay en él, incluyéndonos a nosotros.

La gente ya no es "buena". Romanos 3:10 dice: "No hay un solo justo, ni siquiera uno". Tenemos que recordar que la culpa de la mayoría de la maldad humana y el sufrimiento reside a los pies de la irresponsabilidad humana.

> *¿Cómo puedes culpar a Dios por los niños hambrientos de Etiopía cuando los libros más vendidos en los Estados Unidos son sobre dietas alimenticias, sobre cómo deshacerte de los kilos que te sobran? No es culpa de Dios que la gente se muera de hambre hoy día. La tierra produce lo suficiente ahora mismo como para darle a cada persona 3000 calorías diarias. El problema es que algunos de nosotros amontonamos, con lo cual otros tienen que irse a la cama hambrientos. Culpar a Dios de la irresponsabilidad humana es escurrir el bulto. Si una persona se emborracha, conduce su auto por la acera y envía a tu amigo a la tumba repentinamente, ¿culparías a Dios? ¿Culparás a Dios por los siete millones de asesinatos de Hitler? Eso sería escapismo. La vasta mayoría de la maldad humana y del sufrimiento es un resultado directo de la irresponsabilidad humana.*[5]

Más borrachos que mofetas

El mundo ha dejado de ser bueno, y la gente no es perfectamente buena. No estoy seguro de haber creído esto hasta que tuve hijos. Sabía que yo no era bueno, pero parecía que debía haber algunas personas puramente buenas por ahí. Después tuvimos nuestros hijos. Cathy y yo tenemos tres hijos increíbles, pero he descubierto que no he tenido que esforzarme mucho para enseñarles a ser *malos*. Tienen la capacidad de aprenderlo ellos solitos. El esfuerzo que tuve que hacer fue para enseñarles a ser *buenos*.

Cuando mis hijos eran más pequeños, vimos juntos una película muy antigua, *Las aventuras de Huckleberry Finn*, todo un clásico. Luego les metí en la bañera, intentando darles un baño. Sonó el teléfono, así que salí del baño por un minuto o dos. Enseguida oí un jaleo procedente del baño. Me apresuré a entrar y allí estaban, riéndose y comportándose como locos.

Me puse las manos en la cintura e hice mi mejor rutina "intimidatoria", diciendo: —¿Se puede saber qué ocurre aquí?

Daniel, de cuatro años, saltó de repente diciendo:

—Estamos borrachos.

—Más borrachos que mofetas—añadió felizmente Andrew, de dos años.

—¿Qué? —dije yo, sorprendido por su respuesta—. Ustedes nunca han visto a nadie borracho. ¿De dónde ha salido esa idea?

Daniel me miró orgulloso y contestó:

—El papá de Huckleberry Finn. Estaba borracho.

—Más borracho que una mofeta —replicó Andrew.

No podía creerlo. Habíamos visto una película de dos horas sana, un clásico, ¿y qué habían aprendido? ¡Cómo emborracharse!

La noche siguiente fue el turno de Luke. Luke era un niño de dos años colaborador y de buen comportamiento. No era problemático, generalmente fácil de complacer y obediente. Cuando tenía unos dieciocho meses, cenamos pizza una noche. Intentamos darle un trocito, pero una mirada amenazante apareció en sus ojos. No quería *este* trozo; tenía que ser el *otro* trozo. Después no quería *ese* trozo; tenía que tener *otro* trozo. No quería *otros* trozos, quería que le diera *mi* trozo.

Exasperada, Cathy me miró y dijo:

—¿Qué le pasa?

Y luego tuve una revelación.

Le miré y dije:

—Bueno, teológicamente hablando… es un pecador.

Lo mismo que Adán y Eva. Lo mismo que tú y yo. Dios nos dio la capacidad de escoger entre el bien y el mal. A veces decidimos mal. Hemos demostrado que si hubiéramos estado nosotros en el huerto de Edén, habríamos tomado la misma decisión. Somos pecadores por naturaleza.

Una vez se me acercó un hombre en el supermercado. Estaba deseando contarme un secreto grande y oscuro.

—Pastor, hay algo que debe saber acerca de su iglesia —me dijo.

—¿En serio? ¿Qué es? —le pregunté.

—Odio tener que decírselo, pero tiene algunos *pecadores* asistiendo a su iglesia.

—¡Qué!

Le miré y dije:

—Caballero, si no hubiera *pecadores* en mi iglesia, no habría *gente* en mi iglesia.

¿Por qué?

Nos preguntamos: "¿Por qué suceden cosas malas a personas buenas?" Pero si realmente queremos ser honestos, tenemos que expresar en otras palabras la pregunta. Considerando este asunto, podemos concluir que en lugar de preguntar por qué suceden tantas cosas malas a personas buenas, deberíamos preguntarnos a nosotros mismos por qué suceden tantas cosas buenas a personas malas.

En lugar de estar amargados por las pruebas que afrontamos, debemos estar agradecidos por todas las bendiciones que disfrutamos. Podemos anticipar la vida perfecta y sin dolor que disfrutaremos en el cielo. También tenemos que aprender que nuestro Dios produce muchas cosas buenas a partir de las malas.

Notas

1. Paul Little, *Know Why You Believe* (Downers Grove, IL: InterVarsity, 1988), p. 132.
2. J. B. Phillips, *God Our Contemporary* (New York: Macmillan, 1960), p. 88.
3. Ibid.
4. Cliffe Knechtle, *Give Me an Answer That Satisfies My Heart and Mind* (Downers Grove, IL: InterVarsity, 1986), p. 54.
5. Knechtle, *Give Me an Answer*, p. 52.

Para ganar una victoria invisible

2

Job 1-2

El hecho de que estés leyendo este libro me dice que, al menos en alguna medida, estás pasando por adversidad y las inevitables preguntas que suscita el sufrimiento. Quizá la vida de alguien a quien amas ha sido sacudida por un dolor insoportable. Posiblemente tú mismo eres el que está afrontando una inmensa agonía. Desbordado por la adversidad y saqueado por el dolor, se buscan respuestas y se necesita el ánimo. No estás solo en el camino del sufrimiento. Aunque a menudo es muy solitario, a la vez es muy transitado, y ha sido así desde los primeros días de la Historia. Aunque tu situación parezca ser única y extrema, no te preocupes, otros también han bebido profundamente de la copa del sufrimiento. La gran calamidad de un hombre hace que mi época más severa de sufrimiento parezca ser sosa y pequeña. Él es el protagonista del dolor. Su nombre es Job.

La vida era muy, muy buena

En la región de Uz había un hombre recto e intachable, que temía a Dios y vivía apartado del mal. Este hombre se llamaba Job. Tenía siete hijos y tres hijas; era dueño de siete mil ovejas, tres mil camellos, quinientas yuntas de bueyes y quinientas asnas, y su servidumbre era muy numerosa. Entre todos los habitantes del oriente era el personaje de mayor renombre.
Job 1:1-3

En el pequeño esbozo reflejado por estos tres versículos, conocemos varios datos importantes sobre la vida de Job. Primero, era un buen hombre. De hecho, era de lo mejor que se podría encontrar.

Segundo, era un hombre de familia al que le gustaba estar con sus siete hijos y tres hijas. En otro lugar del capítulo 1 de Job, encontramos que regularmente oraba por sus hijos (v.5).

Tercero, ¡Job lo había conseguido! Uno de los hombres más ricos e influyentes en su parte del mundo, tenía enormes rebaños y manadas, y una gran plantilla que los cuidaba.

Siendo la envidia de todos, Job realmente podría mirar alrededor y decir: "¡La vida es buena!"

La vida pasó a ser muy, muy mala

Llegó el día en que los hijos y las hijas de Job celebraban un banquete en casa de su hermano mayor. Entonces un mensajero llegó a decirle a Job: «Mientras los bueyes araban y los asnos pastaban por allí cerca, nos atacaron los sabeanos y se los llevaron. A los criados los mataron a filo de espada. ¡Sólo yo pude escapar, y ahora vengo a contárselo a usted!»

No había terminado de hablar este mensajero cuando uno más llegó y dijo: «Del cielo cayó un rayo que calcinó a las ovejas y a los criados. ¡Sólo yo pude escapar para venir a contárselo!»

No había terminado de hablar este mensajero cuando otro más llegó y dijo: «Unos salteadores caldeos vinieron y, dividiéndose en tres grupos, se apoderaron de los camellos y se los llevaron. A los criados los mataron a filo de espada. ¡Sólo yo pude escapar, y ahora vengo a contárselo!»

No había terminado de hablar este mensajero cuando todavía otro llegó y dijo: «Los hijos y las hijas de usted estaban celebrando un banquete en casa del mayor de todos ellos cuando, de pronto, un fuerte viento del desierto dio contra la casa y derribó sus cuatro esquinas. ¡Y la casa cayó sobre los jóvenes, y todos murieron! ¡Sólo yo pude escapar, y ahora vengo a contárselo!»
JOB 1:13-19

¡No puedo ni imaginármelo! En un día, un sólo día, todas las pesadillas y temores que se hubieran podido infiltrar alguna vez en algún rincón de la mente de Job explotaron en una realidad y le golpearon como un accidente de tren. Sin previo aviso, la familia y fortuna de Job fueron barridos en un desprendimiento de pérdidas. En un día, su trabajo, sus empleados, su prosperidad, su salario, su jubilación y su vida le fueron arrebatados por completo terroríficamente. Todo aquello por lo que había trabajado, soñado, y todo lo que poseía se fue de golpe.

En un día, esos seres preciosos que orgullosamente portaban su imagen y llevaban su apellido, aquellos a los que alegremente había visto dar sus primeros pasos, por los que diligentemente había orado, fueron cruelmente asesinados, y sus prometedoras vidas fueron prematuramente extinguidas. No alcanzo a imaginarme el hecho de perder a un hijo, ¡pero a diez! ¡Y todos a la vez! ¡Todos perdidos! ¡Qué agonía!

¿Aturdido? ¿Aplastado? ¿*Abrumado?* ¿Qué palabras podrían describir lo que debió de haber sentido? La gigantesca buena fortuna de Job de repente se había convertido en un cráter abierto de lo que solía ser. Su muy, muy buena vida había pasado a ser violenta y vilmente mala.

¿Por qué un Dios bueno permitiría que uno de sus siervos más fieles sufriera tan injustamente? ¿En qué estaba pensando Dios? ¿Por qué no protegió a Job? ¿Por qué permitió que ocurriera?

La escena entre bastidores

Dios y Satanás están enredados en una batalla cósmica por la lealtad y la fidelidad, y a menudo nosotros somos el campo de batalla. Lo que Job no podía ver era que su dolor nació de una interesante conversación que Satanás mantenía con Dios.

> —¿Te has puesto a pensar en mi siervo Job? —volvió a preguntarle el Señor—. No hay en la tierra nadie como él; es un hombre recto e intachable, que me honra y vive apartado del mal.
> Satanás replicó:
> —¿Y acaso Job te honra sin recibir nada a cambio? ¿Acaso no están

bajo tu protección él y su familia y todas sus posesiones? De tal modo has
bendecido la obra de sus manos que sus rebaños y ganados llenan toda la
tierra. Pero extiende la mano y quítale todo lo que posee, ¡a ver si no te
maldice en tu propia cara!

—Muy bien —le contestó el Señor—. Todas sus posesiones están en tus
manos, con la condición de que a él no le pongas la mano encima.

Dicho esto, Satanás se retiró de la presencia del Señor.

Job 1:8-12

Como ya hemos discutido, Satanás se alejó de Dios y avanzó para
hacer que muriera el ganado de Job, sus siervos y sus hijos. Sin embargo, esta situación se extendió más allá de Job, sus animales, sus empleados o sus hijos. El injusto y no provocado sufrimiento de un único
hombre que está solo en todo el universo golpeó el corazón mismo del
mayor conflicto en el ámbito completo de toda la historia humana.
Esa es una asombrosa realidad.

El asunto de la maldad y el sufrimiento en el planeta tierra se debe
entender como un campo de batalla espiritual. Hay algo más en juego
que el consuelo o el dolor de un solo sufridor. Puede que estemos hablando de asuntos monumentales. Puede que haya preguntas masivas
que dependan de la respuesta de un solo individuo.

"¿Continuará un hombre siguiendo fielmente a Dios aun cuando
sea desbordado por un mal inesperado, no provocado e inexplicable?"

"¿Vale Dios la pena?"

"¿Se merece Él tanta lealtad?"

Satanás sabía que nadie que tuviera sus ojos abiertos a los hechos
iría en pos de él ciegamente si no sobornara a esa persona con poderes
y placeres prohibidos. Sabía que su naturaleza intrínseca no merecía
una lealtad así, que no era digno de ella. Por pura arrogancia y celos,
se negó a creer que Dios mereciera tal lealtad, así que apostó fuerte en
una partida de ajedrez con Dios, y el pobre Job sirvió de peón. Sorprendentemente, Dios aceptó la partida.

La respuesta de Job

Por tanto, ¿cómo respondió Job cuando fue golpeado por un tsunami de sufrimiento? ¿Demostró la reacción de Job que Satanás tenía razón, o que Dios merecía la pena? Después de obtener el último informe de que sus hijos habían muerto en un tornado, observa cuidadosamente el siguiente paso de Job.

> *Al llegar a este punto, Job se levantó, se rasgó las vestiduras, se rasuró la cabeza, y luego se dejó caer al suelo en actitud de adoración. Entonces dijo:*
> *«Desnudo salí del vientre de mi madre,*
> *y desnudo he de partir.*
> *El Señor ha dado; el Señor ha quitado.*
> *¡Bendito sea el nombre del Señor!»*
> *A pesar de todo esto, Job no pecó ni le echó la culpa a Dios.*
> Job 1:20-22

¡Muy bien, Job! Aplastado, roto, dolorido y aturdido, Job siguió adorando a Dios. La respuesta de Job al sufrimiento demostró que creía que Dios era digno de ser adorado aun cuando le faltaba todo y la vida se había vuelto horrible y terriblemente fea. ¡Dios ganó! ¡Satanás perdió! ¡Muy bien, Dios!

Lo malo pasó a ser peor

Antes de que Job tuviera la oportunidad de tomar aire o de recomponer la compostura, antes de que su dolorido corazón pudiera comenzar a sanar, lo malo pasó a ser peor; mucho, mucho peor.

> *Dicho esto, Satanás se retiró de la presencia del Señor para afligir a Job con dolorosas llagas desde la planta del pie hasta la coronilla. Y Job, sentado en medio de las cenizas, tomó un pedazo de teja para rascarse constantemente.*
> Job 2:7-8

Si la agonía interna causada por la pérdida de familia y fortuna no era suficiente, ahora Job tuvo la agonía externa de las llagas. ¿Por qué un buen Dios permitiría que uno de sus siervos más leales sufriera tan injustamente? ¿En qué estaba Dios pensando? ¿Por qué no protegió a Job? ¿Por qué permitió que ocurriera?

La escena entre bastidores, parte 2

Satanás no abandonó tan fácilmente. Su capacidad de "aguantar los golpes y seguir adelante" es impresionante. Después de que Job inicialmente respondiera a su pérdida adorando a Dios a pesar de todo, Satanás se levantó del suelo para luchar el segundo asalto.

> —¿Te has puesto a pensar en mi siervo Job? —volvió a preguntarle el Señor—. No hay en la tierra nadie como él; es un hombre recto e intachable, que me honra y vive apartado del mal. Y aunque tú me incitaste contra él para arruinarlo sin motivo, ¡todavía mantiene firme su integridad!
> —¡Una cosa por la otra! —replicó Satanás—. Con tal de salvar la vida, el hombre da todo lo que tiene. Pero extiende la mano y hiérelo, ¡a ver si no te maldice en tu propia cara!
> —Muy bien —dijo el Señor a Satanás—, Job está en tus manos. Eso sí, respeta su vida.
> JOB 2:3-6

Satanás de nuevo desafió la integridad de Dios atacando la de Job. Dijo que aunque Job no había cedido ni abandonado a Dios tras perderlo todo, seguro que Job tiraría la toalla si Dios le permitiera a Satanás atacar su salud.

Seguro en el conocimiento de su increíble valía y confiado en la profundidad del carácter y lealtad de Job, Dios dijo: "Sí". Así pues, como leímos antes, Satanás se apresuró a llenar a Job de una llagas feas, dolorosas e infectadas.

La respuesta de Job, parte 2

Su esposa le reprochó:
—¿Todavía mantienes firme tu integridad? ¡Maldice a Dios y muérete!
Job le respondió:
—Mujer, hablas como una necia. Si de Dios sabemos recibir lo bueno,
¿no sabremos también recibir lo malo?
A pesar de todo esto, Job no pecó ni de palabra.
Job 2:9-10

¡Muy bien Job… otra vez! Agonía apilada sobre agonía, dolor acumulado sobre dolor, pena amontonada sobre pena, y, sin embargo, Job siguió adorando a Dios. La respuesta de Job al sufrimiento demostró que creía que Dios es digno de adoración aun cuando se sufre el cenit del dolor físico y emocional. ¡Dios volvió a ganar! ¡Satanás volvió a perder! ¡Muy bien Dios…otra vez!

Una razón por la que suceden cosas malas a personas buenas

Permíteme estirar tu pensamiento durante unos momentos. Es un pensamiento increíble. Quizá parte de nuestro sufrimiento tiene poco o nada que ver con nosotros y todo que ver con el plan de Dios para silenciar el orgullo de Satanás, para cerrar la boca de Satanás. Satanás quiere que le adoren como a Dios, pero sabe que no es digno. Si sus seguidores fueran puestos en la misma posición en que fue puesto Job, le abandonarían rápidamente.

Sin embargo, cuando uno de los seguidores de Dios, en este caso Job, lo perdió todo, se negó a abandonar. Dios era digno, y Satanás quedó maniatado.

Hay cuarenta capítulos más en el libro de Job, ¿y sabes cuántas veces se menciona a Satanás después del capítulo 2? ¡Ninguna, nada, cero! ¿Por qué? Ya no se menciona a Satanás porque Satanás fue silenciado totalmente por la increíble dignidad de Dios revelada en la extraordinaria integridad de Job. Él quedó silenciado, totalmente derrotado. Dios había ganado y Satanás había perdido, así que tuvo que escabullirse en medio de un vergonzoso silencio.

¡Me encanta!

¡Guau! ¡Un pequeño ser humano que sufrió de manera tan triunfal tuvo el poder de cerrarle la boca al príncipe de las tinieblas! No ató al enemigo con alguna oración bien elaborada, ni clamó para que descendiera fuego del cielo y quemara al enemigo. Simplemente permaneció leal a Dios aunque cosas malas le estaban aplastando a su alrededor. Fue fiel a pesar de tener el corazón roto por la tristeza y el cuerpo destrozado por el dolor. Job no se daba cuenta en ese momento, pero estaba ganando una victoria invisible. ¡Tremendo!

Amigo, quizá las cosas malas que te están ocurriendo ahora mismo realmente no tienen nada que ver contigo tanto como con la titánica lucha del universo. Quizá todo el reino de las tinieblas y todo el reino de Dios están observando para ver cómo manejas tu dolor, para saber si tu vida demuestra que Dios es verdaderamente digno.

Edith Schaeffer, en su libro *Affliction,* lleva este concepto a otro nivel cuando propone que este escenario se ha vuelto a representar una y otra vez a lo largo de la Historia. Ella imagina una conversación similar a una en la que Satanás le dice a Dios: "De acuerdo, así que Job siguió confiando en ti, ¿pero qué ocurriría si una mujer tuviera cinco hijos que mueren en la guerra? Seguro que ella no seguiría confiando en ti". Dios contesta: "Mira a Fulanita, cuyos cinco hijos murieron en la Guerra Civil y ella siguió confiando en mí". Satanás vuelve al día siguiente y dice: "De acuerdo, así que ella también confió en ti, ¿pero qué ocurriría si un hombre perdiera a su esposa y a su hijo en un incendio? Seguro que no seguiría confiando en ti". Dios contesta: "Bueno, Fulanito perdió a su esposa e hijo en un incendio y siguió confiando en mí".[1]

La idea es que cuando Jesús llegue y ponga fin a la Historia según la conocemos ahora, cada tipo de aflicción imaginable habrá sido soportada valientemente por uno de nosotros haciendo que la derrota y el silencio de Satanás sean totales. La bocaza de Satanás se cerrará permanentemente y tendrá que arrodillarse y declarar que Jesús es Señor (Filipenses 2:9-11).

Schaeffer escribe: "Hay un significado y propósito inmensos en nuestras aflicciones individuales, ya que esa en particular con la que Satanás nos está golpeando hoy nunca antes se ha vivido antes en ningún momento de la Historia, ni se volverá a vivir".[2] Cada uno de nosotros vive situaciones de sufrimiento únicas e individuales. Por tanto, nuestras aflicciones y respuestas verdaderamente son importantes para Dios, ¡y nuestra respuesta puede que impacte la Historia!

> *Para mí, este es el fabuloso "descubrimiento de todos los descubrimientos": que Dios sea tan justo que nos permita tener la oportunidad de tener cosas importantes que hacer en su historia total de victoria a lo largo de los siglos…No podemos sabe qué [aflicción]se convertirá en el momento más importante de nuestra vida. Su llegada no será anunciada con un sonido de cuernos plateados o tocada al volumen del crescendo de una orquesta. Nuestro momento más importante puede venir cuando nadie excepto Dios y Satanás sea consciente de ello, cuando nuestra respuesta al Señor sea una que gane una batalla de una vez [contra nuestro enemigo invisible].[3]*

¿Por qué?

Entonces, ¿por qué suceden cosas malas a personas buenas? ¿Qué bien podemos obtener de lo malo? Podría ser que haya una victoria invisible que ganar. Quizá no nos demos cuenta ahora, pero puede que seamos jugadores en una batalla invisible. Nuestra respuesta al sufrimiento puede darle a Dios una mayor gloria y callar la boca a Satanás.

¡Tremendo!

Notas

1. Edith Schaeffer, *Affliction* (Old Tappan, NJ: Revell, 1978), p. 76.
2. Ibid., p. 77.
3. Ibid., pp. 78-79.

Para ampliar nuestra
perspectiva de Dios
JOB 42:1-2

El 18 de agosto de 1991 es un día que nunca olvidaré. Me desperté esa mañana con una gripe violenta que nunca se terminaba de ir del todo. Bajé de 70 kilos a 61 en tres semanas. Tenía un dolor persistente en mis articulaciones y músculos que crecía a paso firme y se intensificaba más durante el día. Misteriosamente, la menor brisa de aire frío hacía que todo empeorase. Me sentía como si me apretasen la cabeza con un tornillo de mesa debido al agudo dolor de cabeza que padecía, el cual se negaba a desaparecer. De repente, desarrollé alergias a todo tipo de cosas. La hierba, el perfume, las hojas, las mascotas y muchas otras cosas me causaban picor de ojos, dolor de garganta, y de cabeza aún más.

Lo más frustrante era que mis capacidades cognitivas sufrían cortocircuitos. Podía ver palabras en mi cabeza pero era incapaz de pronunciarlas sin trabarme, algo nada bueno para un pastor. No podía dormir más de unas pocas horas seguidas. Metódicamente, a las cinco de la mañana todas las noches tenía un terrible dolor de garganta, y una fea y oscura nube de desesperación llenaba mi alma.

Pero el mayor agravante era la increíble y abrumadora fatiga que me pesaba como si estuviera atrapado en cemento e intentando correr bajo el agua. Día tras día, me despertaba dolorido y cansado, y según avanzaba el día me cansaba aún más. Noche tras noche, me tumbaba en la cama y tenía que concentrarme para reunir todas mis fuerzas para poder darme la vuelta sin ayuda. Había sido un atleta en la universidad, y sin embargo había días en los que era toda una odisea intentar cruzar el pasillo para llegar al baño por mí mismo.

Para empeorar aún más las cosas, mis tres hijos tenían menos de cinco años de edad. Les costó mucho entender por qué no me levantaba del sofá para jugar con ellos como lo solía hacer, o por qué no podía salir fuera para hacer un muñeco de nieve.

Además de todo esto, mi iglesia estaba pasando por un periodo de transición muy difícil. Como pastor principal, era importante que invirtiera más energía para ayudar a que la iglesia navegara por los desafiantes mares por los que estaba surcando. Pero no tenía esa energía.

Para colmo de males, sentía esa fea culpa. Con tres hijos pequeños, mi esposa realmente necesitaba que le ayudara en casa y con los niños, pero yo estaba muy agobiado intentando cuidar de mí mismo e intentando seguir al frente de una iglesia. Era horrible ver cómo mi cansancio le estaba desgastando a ella.

Tras meses de visitar varios doctores y especialistas, finalmente me diagnosticaron el síndrome de fatiga crónica y de disfunciones inmunológicas. (Mi ego masculino fue apaleado al descubrir que es una enfermedad contraída mayormente por mujeres que quieren lograr más de lo que pueden.) En aquella época, el CFIDS era una enfermedad que pocos comprendían.

Era doloroso ser un prisionero de guerra de mi dolor y fatiga. Siempre había sido una persona orientada a los objetivos, y ahora era incapaz de perseguir otro objetivo que no fuera el de la supervivencia diaria.

Pero más que nada, estaba profundamente decepcionado con Dios. La única respuesta que Él me dio fue el silencio: un silencio, vacío, profundo y sordo. Día tras día pedía liberación, pero no ocurría nada. Entonces comencé a pedir al menos algún tipo de explicación o, por lo menos, un tiempo marcado para mi agonía.

Leí una y otra vez el libro de Job, buscando un marco de tiempo. ¿Durante cuánto tiempo sufrió Job? Incluso les hice esta pregunta a algunos de los mejores eruditos de la Biblia del país, y todos me dieron la misma exasperante respuesta: "La Biblia no lo dice".

Día tras día, semana tras semana, mes tras mes, Dios no decía nada. Mi enfermedad continuó y los meses se convirtieron en años; sin embargo, Dios se negaba a responderme.

Yo estaba decidido a captar la atención de Dios, así que oré diligentemente durante una hora diaria. Ayuné, pero Dios seguía guardando silencio.

Sentía como si Él me hubiera abandonado, y no tenía ni idea de por qué. No estaba viviendo en pecado, y le servía diligentemente.

¿Por qué permitía que me pasara eso?

¿Por qué no intervenía?

¿Por qué al menos no me daba alguna explicación?

¿Por qué no me decía cuándo terminaría?

Sin embargo, Dios permanecía callado.[1]

Ninguna explicación

Aunque mi sufrimiento era pequeño comparado con el de Job, era igual de real. Por lo tanto, creo que puedo entender parte de la frustración que sintió Job cuando miró y vio la devastación que había ocurrido en su vida y clamó a Dios pidiendo una explicación y a su vez no oyó nada de Dios. Durante gran parte de su historia, Job quería una oportunidad de defender su causa ante Dios y recibir algún tipo de aclaración de por qué fue forzado a sufrir un dolor tan severo. Sin embargo, capítulo a capítulo, lo único que Job recibió de Dios fue la ensordecedora cacofonía del silencio más absoluto. Observa la nota aguda de frustración en su voz.

Si he pecado, ¿en qué te afecta, vigilante de los mortales?
¿Por qué te ensañas conmigo? ¿Acaso te soy una carga?
Job 7:20

Si uno quisiera disputar con él,
de mil cosas no podría responderle una sola.
Job 9:3

Y aunque lo llamara y me respondiera,
no creo que me concedería audiencia.
JOB 9:16

»Dios no es hombre como yo,
para que juntos comparezcamos ante un tribunal.
¡No hay un juez entre nosotros
que decida el caso por los dos!
JOB 9:32-33

Le he dicho a Dios: No me condenes.
Dime qué es lo que tienes contra mí.
JOB 10:2

Más bien quisiera hablar con el Todopoderoso;
me gustaría discutir mi caso con Dios.
JOB 13:3

Al leer el libro de Job, encontrarás que durante 36 capítulos (capítulos 3—38), Job lamentó honestamente su destino y se defendió de las críticas de sus amigos santurrones. Durante 36 capítulos, buscó a Dios para recibir una explicación. Durante 36 capítulos, posiblemente largos meses o incluso más, Dios no respondió.

No se necesita una explicación

Finalmente, en el capítulo 38, Dios milagrosamente entró en escena. El Señor honró a Job hablándole desde una tormenta. Pero en lugar de darle respuestas a Job, el Señor le llevó de viaje por la creación. En lugar de responder las preguntas de Job, el Señor le fundió con una ráfaga de preguntas retóricas que revelaban la inmensa distancia existente entre Dios, el Creador infinito, y Job, la insignificante creación. Toda la escena está diseñada para poner en una perspectiva mucho mayor el asunto del sufrimiento y la pérdida de Job.

No es necesaria una explicación

A través de su pérdida y dolor, Job obtuvo un mayor entendimiento de la inmensidad y soberanía de la persona de Dios.

> *Job respondió entonces al Señor. Le dijo:*
> *«Yo sé bien que tú lo puedes todo,*
> *que no es posible frustrar ninguno de tus planes.*
> JOB 42:1-2

Observa la convicción en la voz de Job. Ahora "supo" que Dios puede hacer todas las cosas. Entendió que Dios es, bueno, es Dios, y que no tiene que darle explicaciones a nadie. Nadie puede ser más alto que el Altísimo o más fuerte que el Todopoderoso. El Señor está sumamente tan por encima y más allá de la humanidad que es ridículo pensar que podríamos bajarle a nuestro nivel demandando respuestas, razones o explicaciones. Dios no tiene que explicarse ante nosotros ni ante nadie. No nos debe ninguna respuesta. Él puede hacer y hará lo que considere que es lo correcto. Job observó:

> *En sus manos está la vida de todo ser vivo, y el hálito que anima a todo*
> *ser humano. ...» Con Dios están la sabiduría y el poder; suyos son el*
> *consejo y el entendimiento. Lo que él derriba, nadie lo levanta; a quien*
> *él apresa, nadie puede liberarlo. Si él retiene las lluvias, hay sequía; si*
> *las deja caer, se inunda la tierra. Suyos son el poder y el buen juicio;*
> *suyos son los engañados y los que engañan. ... Engrandece o destruye a*
> *las naciones; las hace prosperar o las dispersa.*
> JOB 12:10, 13-16, 23

Puede que Dios esté haciendo cosas más grandes de lo que podamos imaginar y, como en el caso de Job, puede que nuestro sufrimiento sea parte de algo mucho más grande que nosotros. Puede que lo que Dios pretende esté más allá del ámbito de nuestra comprensión (Isaías 55:8). Job vio que Dios es el gobernador absoluto de toda creación.

Él no lo sabía todo acerca de Dios, pero sabía lo suficiente como para confiar en Dios en las cosas que no sabía.

Tener una visión más grande y precisa de Dios es un don muy valioso. A. W. Tozer escribe: "Lo que viene a nuestra mente cuando pensamos en Dios es lo más importante de nosotros".[2]

¿Qué sería lo mejor que tú o yo podríamos tener jamás? La mejor respuesta es "Dios", ya que cada don bueno y perfecto viene de Él y se encuentra en Él. Cuando se trata de Dios, ¿qué sería lo mejor que tú y yo podríamos obtener? La respuesta es "una visión precisa del inmenso tamaño de nuestro infinito Dios". Para detrimento nuestro, olvidamos con demasiada facilidad lo infinitamente grande, inteligente, poderoso y bueno que es nuestro Dios. Como apunta Tozer:

> *Aquel que consigue una creencia correcta acerca de Dios se libra de diez mil problemas temporales, porque ve en un momento que éstos tienen que ver con asuntos que no pueden preocuparle durante mucho tiempo.*[3]

Una perspectiva más amplia de Dios

¿Por qué permitió Dios que Job sufriera? ¿Por qué en un principio Dios le respondió a Job con un silencio atronador? ¿Por qué le dio Dios a Job una lección de su poder en lugar de una respuesta a las preguntas que Job tenía?

Una de las cosas buenas que pueden salir de las cosas malas es un sentimiento de tener una perspectiva más clara y amplia. En última instancia, necesitamos a Dios mucho más que las explicaciones. A veces tenemos que conseguir una visión más grande de Dios y de la vida.

El fuego terrible y maravilloso

Hay un cuento popular noruego sobre un pescador que, con sus dos hijos, salió a hacer su ronda diaria de pesca. Su pesca fue buena, pero a media tarde una gran tormenta repentina barrió la orilla, adentrando a los hombres en el mar y sin poder atisbar la orilla. Mientras tanto, un fuego feroz se desató en la cocina de su casa. Antes de poder ser extinguido, lo destrozó todo.

Finalmente, los hijos y su padre pudieron remar hasta la orilla. La esposa del hombre estaba esperándole con la trágica noticia del fuego.

—Karl —sollozaba— un fuego terrible lo ha destrozado todo. Lo hemos perdido todo.

Sin embargo, él se quedó como si nada.

—¿No me has oído? —le insistió ella—. Hemos perdido la casa.

—Sí, te he oído —dijo él calmadamente.

—¿Cómo puedes estar tan calmado? —indagó ella.

—No te lo vas a creer. Hace unas horas estábamos completamente perdidos en el mar. Estaba seguro de que íbamos a morir. —Luego prosiguió—: Entonces ocurrió algo. Vi un extraño resplandor dorado. Cada vez era más y más grande, y decidimos remar hacia esa luz.

Entonces, tomándole por los hombros y mirándole a los ojos, dijo:

—¿No te das cuenta? El terrible fuego que destruyó nuestro hogar fue el fuego maravilloso que salvó nuestras vidas. Dios lo tenía todo bajo control. Dios es un gran Dios.

A veces parece que la casa y la salud son muy importantes, pero el sufrimiento tiene su forma de ajustar nuestra perspectiva, especialmente nuestra visión de Dios.

¿Por qué?

¿Por qué permitió Dios que Job sufriera? ¿Por qué en un principio Dios le respondió a Job con un silencio atronador? ¿Por qué le dio Dios a Job una lección de su poder en lugar de una respuesta a las preguntas que Job tenía? Una de las muchas cosas buenas que pueden venir de las cosas muy malas es una perspectiva más clara y amplia. Más importante que saber exactamente por qué estamos sufriendo es el conocimiento obtenido de Dios a través de nuestro sufrimiento. Más significativo que recibir una explicación a nuestro dolor es aceptar una visión más amplia de Dios a través de nuestro dolor.

Deja que tus preguntas, dudas y dolor te acerquen más a Dios.

Notas

1. Esta historia está adaptada de Dave Earley, *Prayer Odyssey* (Shippensburg, PA: Destiny-Image Publishers, 2001), pp. 167-68, y usada con permiso.
2. A. W. Tozer, *The Knowledge of the Holy* (New York: Harper and Row, 1961), p. 9.
3. Ibid., p. 10.

4

Para aumentar nuestra
humildad ante Dios
JOB 42:3

Pelando la cebolla

Los últimos meses de la vida de mi padre fueron un tiempo difícil para ambos. Él había sido un hombre de negocios muy saludable, competente, perspicaz, brillante, entusiasta, ingenioso y exitoso, bien adentrado ya en los setenta. Incluso en los años después de su jubilación, era independiente en todos los sentidos. Pero debilitado por los estragos de las etapas finales de un cáncer de huesos, se hizo dependiente de la gente y necesitaba ayuda.

No podía conducir, hacer su colada o hacer la compra. Estaba tan debilitado que ni siquiera podía escribir los cheques para pagar sus facturas. Necesitaba ayuda para llegar al cuarto de baño, y no podía bañarse ni vestirse por sí mismo.

Su transición a la dependencia fue extremadamente difícil para ambos. Siempre había sido tan competente que era humillante para él necesitar la ayuda de su hijo, pues era yo el que siempre había dependido de él. Él era una roca, un fundamento, la persona en la que yo siempre podía confiar, pero los roles se estaban invirtiendo sorprendentemente. El padre se había convertido en el hijo y el hijo en el padre, y a ninguno de los dos nos gustaba eso.

Un día, mientras estaba tumbado en la cama, tuvo un movimiento de intestinos inesperado, y yo era el único que estaba ahí para limpiarlo. La idea de tener yo que limpiarle nos puso a los dos muy tensos, incómodos y avergonzados. Evitábamos mirarnos a los ojos. Ambos queríamos que todo quedara limpio y seguir adelante lo antes posible.

Pero con un hombre demacrado de ochenta y dos años, y un hijo inexperto de cuarenta y cinco, limpiar ese lío no era una tarea fácil ni rápida. De manera inusual, me gritó, y yo le grité a él. No quería que nadie le viera en ese estado, y yo tampoco.

Tras la terrible experiencia y con él metido en la cama y a salvo, con ropa limpia, sobre sábanas limpias, me di cuenta de que las lágrimas llenaban sus ojos. Al menos es lo que pensé que vi. Era difícil estar seguro porque yo estaba mirando con mis ojos también llenos de lágrimas. Me gustaría poder escribir que entonces él contó un chiste y que ambos nos pusimos a reír, pero no puedo. Su cáncer nos estaba rompiendo a los dos. Estaba revelando niveles de orgullo que ninguno de nosotros había sabido que existían. Todo el proceso en sí era increíblemente duro. El orgullo es una roca nada fácil de romper.

Alguien describió una vez el proceso del verdadero reconocimiento como pelar una cebolla, en donde la exposición de cada nueva capa produce nuevas lágrimas. Uno de los extremadamente buenos beneficios de sufrir es que descubre y desenvuelve capas de orgullo interior, independencia, arrogancia, terquedad, egocentrismo y egoísmo que no serían expuestas de ninguna otra forma. Esta exposición es muy dolorosa pero también esencial. A través del quebranto viene la increíblemente bella y liberadora virtud llamada humildad.

Él se humilló a sí mismo

Aparte del amor desinteresado, no hay virtud más cristiana que la humildad. Todo lo que Jesús logró por nosotros como Hijo de Dios fluyó de su humildad. En el gran pasaje que los teólogos denominan como "la kénosis de Cristo", el apóstol Pablo nos muestra el profundo alcance y maravilloso fruto de la humildad de Jesús.

> *La actitud de ustedes debe ser como la de Cristo Jesús, quien, siendo por naturaleza Dios, no consideró el ser igual a Dios como algo a qué aferrarse. Por el contrario, se rebajó voluntariamente, tomando la naturaleza de siervo y haciéndose semejante a los seres humanos. Y al*

manifestarse como hombre, se humilló a sí mismo y se hizo obediente
hasta la muerte, ¡y muerte de cruz!
Por eso Dios lo exaltó hasta lo sumo y le otorgó el nombre que está sobre
todo nombre, para que ante el nombre de Jesús se doble toda rodilla en
el cielo y en la tierra y debajo de la tierra, y toda lengua confiese que
Jesucristo es el Señor, para gloria de Dios Padre.
FILIPENSES 2:5-11

"Fue un proceso increíblemente humillante". ¡Me imagino! Piensa
en ello. Jesús se desprendió voluntariamente de más de lo que nunca
podríamos imaginar. Nadie ha experimentado jamás el nivel de humillación que Jesús voluntariamente soportó. Soportó la humillación de
ya no tener libre acceso a las infinitas riquezas, sino que en su lugar se
hizo totalmente dependiente de otros. Jesús experimentó lo que significa dejar una morada gloriosa en un lugar extremadamente hermoso y
ubicar su residencia en un establo prestado. Soportó la frustración de
ya no ser capaz de caminar o alimentarse a sí mismo, porque tiempo
atrás, se convirtió en un indefenso bebé.

En lugar de ser tratado como Dios, se convirtió en un miembro
de una nación menospreciada de esclavos. Ya no le servían legiones de
ángeles, y Él, en cambio, se convirtió en el siervo de todos. En lugar
de asociarse estrechamente con ángeles poderosos, sus nuevos compañeros fueron los heridos, desechados, y los quebrantados. En lugar de
ser adorado como Dios, fue llamado bastardo, mentiroso y lunático.
Además de todo eso, fue golpeado, escupido, lacerado y ejecutado.

Porque Jesús se humilló a sí mismo, la justicia fue tratada injustamente. El amor fue traicionado, abandonado y rechazado. Se burlaron
de la verdad.

El Rey se convirtió en esclavo. Dios se convirtió en hombre. El
Anciano se hizo niño.

Jesús conoce la humillación.

No sé qué trago de humillación es el que la adversidad te está
obligando a ingerir, pero sí sé que Jesús ya ha bebido del mismo pozo.
De cualquier manera posible en que el hombre pudiera ser humillado,

Jesucristo ya fue humillado. Por eso, le llamamos Señor, Amo de todo, y Rey de reyes.

Nada nos hace más como Jesús que la pura humildad. No hay nada que Dios honre más que la verdadera humildad.

Un hombre humillado

Job era el hombre más rico y respetado del lugar, hasta que fue golpeado por la adversidad. El trabajo de toda su vida se desvaneció en un día. Sus ingresos, trabajo, carrera y jubilación fueron barridas en unas pocas horas terribles. Perdió su prestigio, y en lugar de ser honrado por aquellos a los que ni tan siquiera conocía, los extranjeros se burlaban de él. En lugar de ser envidiado y temido, era despreciado.

Job creyó que podría soportar todo eso si Dios le concedía una audiencia, si tan sólo podía defenderse ante el Todopoderoso. Sin embargo, cuando finalmente ocurrió, las cosas no salieron como él esperaba. En lugar de impresionar a Dios con la justicia de su causa, Job se quedó mudo de asombro por el inmenso poder y la soberana autoridad del Creador y Dios del universo. Job se sintió estúpido por llegar incluso a pensar que podría de algún modo corregir a Dios y mostrarle un par de cosas.

No obstante, de lo malo salió algo bueno.

Un dulce fruto derivado del nefasto sufrimiento de Job fue la flor de una humildad más honda floreciendo con más fulgor en su vida. Su testimonio es que la experiencia produjo un hombre cambiado. En lugar de ser quien tenía todas las respuestas, se quedó sin mucho que decir.

> *"¿Quién es éste —has preguntado—, que sin conocimiento oscurece mi consejo?" Reconozco que he hablado de cosas que no alcanzo a comprender, de cosas demasiado maravillosas que me son desconocidas.*
> Job 42:3

La adversidad sabe cómo recordarnos que no somos el centro del universo. El dolor tiene la capacidad de apuntar hacia nuestra insuficiencia, y nos recuerda, a veces de manera brutal, nuestra desnuda inseguridad, nuestra frágil vulnerabilidad, nuestra mortalidad, con frecuencia pasada por alto, y nuestra inmensa dependencia. Nos fuerza a depender de otros y girarnos a Dios. Cuando el sufrimiento nos ha hecho caer de espaldas contra el suelo y no podemos mirar en otra dirección sino hacia arriba, es entonces cuando verdaderamente vemos a Dios.

Rudy

Me encantan las películas donde aparece el más débil, y que te hacen sentir bien. Una de mis favoritas es *Rudy*, la historia de ese niño demasiado bajito, demasiado lento y demasiado tonto que anhelaba jugar al futbol en la Universidad de Notre Dame. Después de hacer su mejor esfuerzo y no recibir otra cosa que otro grave revés, fue a ver a su sacerdote. Ese señor le dio un precioso consejo al decirle: "Tras una vida de estudios teológicos, he descubierto sólo dos verdades irrefutables: hay un Dios, y no soy yo".

No somos Dios; sin embargo, nos decepcionamos cuando no podemos controlar la vida y jugar como habíamos planeado. El sufrimiento nunca entra en nuestros planes, y hacerle frente nos humilla. La humildad es una valoración precisa de uno mismo y de Dios. Es sólo a través de los reveses, el sufrimiento y el dolor como realmente entendemos quiénes somos, quiénes no somos, y lo más importante, quién es Él realmente. Este sentimiento de una humildad más honda es uno de los grandes beneficios de la aflicción.

La humildad es un imán

> *Porque lo dice el excelso y sublime, el que vive para siempre, cuyo nombre es santo: «Yo habito en un lugar santo y sublime, pero también con el contrito y humilde de espíritu, para reanimar el espíritu de los humildes y alentar el corazón de los quebrantados».*
> Isaías 57:15

Este versículo es una promesa increíble. El Señor, que está por encima y más allá de todos y de todo, nos promete estar con el contrito, el indefenso, el desesperado y el humilde. Cuando las dificultades nos derriban, Dios vendrá a levantarnos. Cuando se acercan los problemas, Dios se acerca aún más. La verdadera humildad de corazón es como un imán que atrae al Dios que está totalmente enamorado de los afligidos.

Dios no es admirador del orgullo autosuficiente

«Dios se opone a los orgullosos, pero da gracia a los humildes».
SANTIAGO 4:6

Porque el que a sí mismo se enaltece será humillado, y el que se humilla será enaltecido.
MATEO 23:12

Revístanse todos de humildad en su trato mutuo, porque «Dios se opone a los orgullosos, pero da gracia a los humildes».
1 PEDRO 5:5

Dios resiste al orgulloso. Él ata de manos al autosuficiente. A Dios le repugna el engreimiento y no soporta la suficiencia. A fin de cuentas, Él es Dios. Nada de lo que hagamos, digamos, pensemos, tengamos o seamos puede impresionarle. Él nos hizo del polvo. Él lo ha visto todo, lo posee todo y puede hacerlo todo. A la luz de quién es Él, el orgullo humano, la arrogancia y la presunción es algo ridículo y odioso. Él simplemente los aparta de su camino, o en su gracia permite que sean rotos.

Como la aflicción profundiza nuestra humildad, eso nos acerca más a Dios de lo que lo haría cualquier otra circunstancia. Es una bendición maravillosa que viene a través de los golpes.

¿Por qué?

Entonces, ¿por qué un Dios bueno permite que sucedan cosas malas a personas buenas? A menudo es para llevarnos a un nivel más profundo de humildad. La humildad es una virtud que abre la puerta a muchas verdaderas bendiciones y es un lugar donde Dios puede reunirse con nosotros. Permite que el sufrimiento que estás experimentando produzca un nivel más profundo de humildad en tu vida.

Para producir una mayor intimidad con Dios

JOB 42:5

Cuando otra persona está sufriendo, luchamos con el teórico "problema del mal", y preguntamos: "¿Por qué un Dios bueno permite que sucedan cosas malas a gente buena?" Sin embargo, cuando somos nosotros los que estamos sufriendo, a menudo la pregunta cambia. Ya no estamos tan interesados en un argumento filosófico, pues nuestro dolor nos empuja a hacer preguntas mucho más personales. Lo que realmente queremos saber es:

¿Realmente a Dios le importa que me sucedan cosas malas?
¿Me sigue amando?
¿Ve todo lo que estoy pasando?
¿Se habrá olvidado Dios de mí?
¿Tendrá alguna idea de lo mucho que estoy sufriendo?

La respuesta a todas estas preguntas es sí. La respuesta es indudable, inequívoca e incesantemente *sí*.

Lee las cinco frases siguientes con mucha atención.
A Dios le importa cuando te suceden cosas malas.
Él te sigue amando.
Ve y siente tu dolor.
No se ha olvidado de ti.
Sabe más del sufrimiento de lo que te imaginas.

Recuerda, Jesús conoce el sufrimiento

Lee despacio la descripción de los sufrimientos de nuestro Salvador. Observa la variedad e intensidad del dolor que sufrió.

> *Despreciado y rechazado por los hombres, varón de dolores, hecho para el sufrimiento. Todos evitaban mirarlo; fue despreciado, y no lo estimamos. Ciertamente él cargó con nuestras enfermedades y soportó nuestros dolores, pero nosotros lo consideramos herido, golpeado por Dios, y humillado. Él fue traspasado por nuestras rebeliones, y molido por nuestras iniquidades; sobre él recayó el castigo, precio de nuestra paz, y gracias a sus heridas fuimos sanados. … Maltratado y humillado, ni siquiera abrió su boca; como cordero, fue llevado al matadero… Después de aprehenderlo y juzgarlo, le dieron muerte; nadie se preocupó de su descendencia. Fue arrancado de la tierra de los vivientes, y golpeado por la transgresión de mi pueblo. … Pero el Señor quiso quebrantarlo y hacerlo sufrir. … Después de su sufri-miento, verá la luz y quedará satisfecho; por su conocimiento mi siervo justo justificará a muchos, y cargará con las iniquidades de ellos.*
> ISAÍAS 53:3-11

¿Qué estás experimentando que Jesús no haya experimentado? Vuelve a leer estas palabras: *enfermedades, dolores, golpeado, humillado, traspasado, molido, castigo, heridas, maltratado, humillado, matadero, aprehenderlo, arrancado, golpeado, quebrantarlo, hacerlo sufrir y sufri-miento.* Jesús conoce el sufrimiento.

El único que no merecía sufrir fue quien sufrió lo indecible para salvarnos. Acerca de los sufrimientos de Jesús, la Biblia dice:

> *Porque no tenemos un sumo sacerdote incapaz de compadecerse de nuestras debilidades, sino uno que ha sido tentado en todo de la misma manera que nosotros, aunque sin pecado. Así que acerquémonos confia-damente al trono de la gracia para recibir misericordia y hallar la gracia que nos ayude en el momento que más la necesitemos.*
> HEBREOS 4:15-16

Jesús entiende los sufrimientos que experimentamos. Esto le convierte en una deidad infinitamente accesible y viene a ser otro recordatorio de que nuestro Dios desea una relación íntima con nosotros.

Mis ojos te han visto

Posiblemente, no haya nada más difícil para un padre que enterrar a su hijo. Imagínate, Job enterró a *diez* hijos a la vez. Su corazón fue aplastado brutalmente por el inmenso dolor. Sin embargo, en lugar de tirarse al suelo y llorar por sí mismo, Job clamó a Dios. Al leer esta historia, encontrarás a un hombre que desnudó sinceramente su alma ante Dios. No fue siempre hermoso. Sus emociones eran puras, sus palabras enojadas. Gritó *ante* Dios y le gritó *a* Dios. Job cuestionó a Dios.

Pero no nos equivoquemos: Job no dejó que su dolor le alejara *de* Dios, sino que dejó que le empujara *hacia* Dios. Job acudió a Dios, y aunque no lo hizo inmediatamente, Dios acudió a él (Job 38:1). Dios trajo poder, provisión, afirmación, consuelo y finalmente bendición.

En el viaje de Job a través del túnel de la adversidad, él terminó teniendo que afrontar el hecho de que el objetivo de Dios al permitirle sufrir no fue la revelación de un fundamento para la agonía de Job, sino más bien la revelación de Dios mismo. Tras evitar a Job durante treinta y seis capítulos, cuando Job se defiende a sí mismo y pide una audiencia, finalmente Dios sí aparece para hablar con Job, pero no le da una lista de razones para el sufrimiento. En cambio, le dio a Job un recorrido por su persona y su poder.

Ver a Dios a través de las lentes del sufrimiento le aportó a Job una perspectiva diferente y finalmente más cercana de Dios. Al estudiar el libro de Job, fui confrontado y consolado con el hecho de que el objetivo de Dios con el sufrimiento no es la revelación de razones o explicaciones, sino la revelación de Él mismo. Job escribió:

> *De oídas había oído hablar de ti, pero ahora te veo con mis propios ojos.*
> Job 42:5

47

Job pasó de tener una relación con Dios de oídas ("de oídas había oído hablar de ti") a un encuentro cara a cara ("pero ahora te veo con mis propios ojos"). A través del sufrimiento pasó de una fe de segunda mano a una relación de primera mano.

Con mucha frecuencia, cuando las cosas van bien, estamos demasiado ocupados o demasiado distraídos para ver realmente a Dios; pero cuando el sufrimiento estrecha nuestras opciones, las anteojeras del dolor pueden forzarnos a mirar realmente a Dios. Hasta que el sufrimiento no nos tira de espaldas, no podemos realmente mirar hacia arriba y ver a Dios.

Muchos de nosotros podríamos dar testimonio de que conocimos a Dios cuando fuimos presionados por el dolor. Aunque fue educada en un hogar temeroso de Dios, llevada a la iglesia desde su nacimiento y enviada a una escuela cristiana, mi madre no conoció a Dios personalmente hasta que estuvo a punto de morir de neumonía siendo una adolescente. El sufrimiento la acercó más a Dios.

Dios se acerca al quebrantado

Dios no siempre se acerca del mismo modo a cada persona que le busca en medio de su quebranto, pero siempre se acerca. A Elías, Dios acudió como una dulce y callada voz. A Jonás, Dios se acercó a través de una vid y una voz. A Sadrac, Mesac y Abednego, Dios se acercó y estuvo con ellos en el horno de fuego. A los discípulos, Jesús llegó caminando por el agua en medio de una tormenta. Dios no puede evitar acercarse a aquellos que le buscan en medio de su quebranto.

David reconoció esto cuando fue forzado injustamente a vivir la vida como fugitivo. Se dio cuenta de que él mismo era la diana de la mayor búsqueda de la historia de Israel, cuando el celoso rey Saúl dirigió a todo un ejército para perseguirle. Perdió su hogar, trabajo, carrera, amigos, esposa y futuro. Constantemente moviéndose, inseguro de en quién confiar, escondiéndose en cuevas, corriendo para salvar su vida, escapando a duras penas de la muerte, David tuvo que haber luchado con dudas sobre el amor de Dios. Sin embargo, se acercó a

Dios, y Dios se acercó a él en su peor momento. Como resultado, David proclamó una preciosa promesa.

> *El Señor está cerca de los quebrantados de corazón, y salva a los de*
> *espíritu abatido.*
> SALMO 34:18

Este versículo parece bastante dulce y agradable cuando no estás sufriendo, pero cuando estás mirando incrédulo los trocitos de tu quebrantado corazón o cuando estás soportando el desesperante sentimiento de ser aplastado por el dolor, estas palabras pueden transformarse en algo de gran consuelo y en un poder tangible. Para ti, esta promesa puede ser una cuerda de salvamento, un ancla y un fundamento. Cuando sufras, recuerda estas cuatro verdades:

1. Dios no nos abandona cuando sufrimos, aunque a menudo parezca que lo hace. No, Él ha estado con nosotros, estará con nosotros y está siempre con nosotros, pero cuando más cerca de nosotros está es cuando sufrimos.
2. La presencia de dificultades no significa la ausencia de Dios. Un corazón quebrantado es algo irresistible para Dios, y Él acude al quebrantado porque no puede hacer otra cosa. Un espíritu contrito es un imán que atrae a Dios.
3. Dios no nos promete protegernos de todos los problemas, sino que promete estar con nosotros en medio de los problemas.
4. Realmente depende de nosotros. La adversidad, o se interpondrá entre tú y Dios, o te acercará más a Dios: tú decides.

Compañía en las ruinas

La artista cristiana Sheila Walsh admitió ser paciente de la unidad de psiquiatría de un hospital de Washington, D.C. Tenía un miedo atroz de terminar como su padre, quien murió a los treinta años en un lúgubre hospital psiquiátrico en Escocia. Con la sensibilidad que sólo se aprende en la escuela del sufrimiento severo, ella escribe:

> *No podía entender que los regalos más bonitos de Dios vinieran en cajas que hacen sangrar tus manos cuando los abres. Dentro está lo que has estado buscando toda tu vida. Sólo Dios puede hacer eso. Sólo su amor es tan fiero e incesante como nuestro más profundo dolor y temores ocultos…Yo anhelaba un rescate; Él me dio una relación. Yo quería liberación; Él me dio compañía en las ruinas.[1]*

"Compañía en las ruinas"; qué hermoso pensamiento. Me recuerda al apóstol Pablo cuando escribió: "a fin de conocerle, y el poder de su resurrección, y la *participación de sus padecimientos*" (Filipenses 3:10, RV60, énfasis añadido). También me recuerda las palabras del autor Oswald Chambers cuando oró: "Haz un agujero en la oscuridad para que pueda contemplar el rostro de Dios".

Él se acercó mucho

A mitad del siglo XIX, más de cien mil pioneros cargaron todas sus posesiones en caravanas y se fueron al oeste. Caminando más de veinte kilómetros diarios, intentaron recorrer los más de tres mil kilómetros desde Missouri hasta la costa del Pacífico a través de Oregón. El viaje hacia el oeste fue extremadamente duro, y muchos se dieron la vuelta o no sobrevivieron.

Hubo innumerables dificultades, desde la falta de agua potable hasta escasez de comida y verdaderos peligros. El cruce de ríos era un constante quebradero de cabeza para los pioneros. Muchas personas se ahogaron en los ríos Kansas, North Platte y Columbia; algunos murieron al caerse debajo de las pesadas ruedas de una caravana. Los indios, los fugitivos y el cólera también fueron amenazas constantes.

Tras una amenaza de muerte en el camino, una pionera escribió en su diario:

Conocía lo que era creer en Dios, pero ahora Él se acercó tanto a mí que ya no solamente creía en Él sino que experimenté su presencia allí...Esa fuerza calmada, esa certeza de Alguien cercano y que todo lo puede, me hizo callar y me alentó.[2]

"Se acercó tanto". Sus palabras hacen eco en muchos de nosotros que hemos transitado por el camino del dolor.

¿Por qué?

Entonces, ¿por qué Dios permite que sucedan cosas malas a personas buenas? Una razón es que a menudo experimentamos más la cercanía de Dios en las pruebas que en los triunfos. Dios se acerca a los quebrantados.

Notas

1. Sheila Walsh, "A Winter's Tale", en *The Desert Experience: Personal Reflections on Finding God's Presence and Promise in Hard Times* (Nashville: Nelson, 2001), pp. 172, 176.
2. Del diario de la madre de Josiah Royce, citado en Donald Morgan, *How to Get It Together When Your World Is Coming Apart* (Grand Rapids: Revell, 1988), p. 18.

6

Para prepararnos para recibir bendiciones mucho mayores
JOB 42

En su libro *El dador de sueños,* Bruce Wilkinson habla de la vez en que él y su esposa, Darlene Marie, lanzaron una revista por fe, obedeciendo a Dios a un gran coste personal. Durante cinco meses él le pidió a Dios que le proveyera, y durante cinco meses aparentemente Dios no hizo nada. Encontrándose con una deuda del sueldo de más de cinco años, convocaron una reunión para cerrar la revista. Para Wilkinson fue una crucifixión, la muerte de un sueño. Después describe lo que él llamó su experiencia de "La tierra del desperdicio" con estas dolorosas palabras:

Parecía como si Dios hubiera estado observando desde afuera mientras nosotros nos sucumbíamos en llamas. Fue una de las etapas más decepcionantes de mi vida…Pronto, me sentí a la deriva, enojado y confundido.[1]

A la vez, la dolorosa pérdida puede llevarnos a una gran ganancia. Bruce observó:

No fue hasta años después que logré mirar atrás a esa etapa y vi que Dios estaba trabajando fielmente. Lo que no sabíamos entonces era que Él tenía planes para un tipo diferente de revista, El andar diario, y que nos estaba preparando para lograrlo. Hoy Caminata Bíblica publica diez revistas cada mes…Cien millones de revistas devocionales después, está claro que Dios no nos falló. Tan solo Dios tenía un sueño mayor que el que podríamos haber logrado o siquiera imaginado en ese tiempo.[2]

Bruce se convirtió en el publicador y editor ejecutivo de diez revistas mensuales con una distribución de más de 120 millones. Después escribió un pequeño libro llamado *La oración de Jabes*. Ese libro es el único libro en la historia que ha obtenido el reconocimiento de "libro del año" de la Asociación de publicadores cristianos evangélicos dos años seguidos. *Publisher's Weekly* describió *La oración de Jabes* como el "libro de venta más rápida de todos los tiempos" en el año 2001.[3]

¿Por qué permite Dios que sucedan cosas malas a personas buenas? A veces es para posicionarnos y prepararnos para mayores bendiciones.

Aumentó al doble después del dolor inicial

He leído el libro de Job docenas de veces. Mi capítulo favorito es el último. Como recordarás, los primeros dos capítulos nos cuentan que Job, uno de los hombres más ricos de Oriente, pasó una de las peores épocas de pérdida que cualquier individuo haya soportado jamás. Perdió siete mil ovejas, tres mil camellos, quinientos pares de bueyes, quinientos burros, y una gran plantilla de siervos. También perdió a sus diez hijos. Así que como empresario y como padre, Job lo perdió todo.

Afortunadamente para Job, la historia no terminó ahí. En medio del último capítulo, Dios hace salir un arco iris sobre la tormenta, y el sol brilla a través de las nubes. Observa cuidadosamente la segunda parte de este versículo.

> *Después de haber orado Job por sus amigos, el Señor lo hizo prosperar de nuevo y le dio dos veces más de lo que antes tenía.*
> JOB 42:10

¿Ves lo que ocurrió? El Señor no solamente le devolvió todo a Job. No. ¡El Señor *aumentó al doble todas las cosas que habían sido de Job!* ¿Por qué permite Dios que sucedan cosas malas a personas buenas? A veces parece que nos está preparando para una mayor bendición.

Lo interesante es que cuando la Biblia dice que Job recibió el *doble* de lo que tenía, significa literalmente el *doble* de lo que tenía. Mira el resto del capítulo.

> *El Señor bendijo más los últimos años de Job que los primeros, pues llegó a tener catorce mil ovejas, seis mil camellos, mil yuntas de bueyes y mil asnas.*
> JOB 42:12

Antes del sufrimiento, Job tenía siete mil ovejas, y terminó teniendo catorce mil. Tenía tres mil camellos, y acabó con seis mil. Tenía quinientos pares de bueyes, y después del sufrimiento tenía mil. Tenía quinientos burros, y acabó teniendo mil. Pero hay más.

> *Tuvo también catorce[a] hijos y tres hijas. … No había en todo el país mujeres tan bellas como las hijas de Job. Su padre les dejó una herencia, lo mismo que a sus hermanos.*
> JOB 42:13, 15

Puede que estés pensando: *pero yo creía que Job tenía diez hijos antes de la tragedia. ¿Por qué el Señor no le dio el doble, o sea veinte hijos?* La respuesta es que la pérdida de los primeros diez hijos fue sólo temporal, ya que se reuniría con los primeros diez en el cielo.

Ah, por cierto, Job también recibió el doble de vida que un hombre normal. En lugar de vivir los setenta años que sería normal, la Biblia dice: "Después de esto vivió Job ciento cuarenta años, y vio a sus hijos, y a los hijos de sus hijos, hasta la cuarta generación" (Job 42:16).

Debido a que la respuesta de Job al sufrimiento fue una adoración incesante, los resultados de su sufrimiento fueron unas ganancias tan increíbles como una mayor perspectiva de Dios, una mayor intimidad con Dios y una humildad más profunda ante Dios. También Dios pudo bendecir a Job con el doble del número de bendiciones terrenales que hasta entonces había tenido. A veces Dios puede que permita que te sucedan cosas malas en tu vida como preparación para que manejes mayores bendiciones.

¿Estás realmente preparado para el éxito?

La mayoría de nosotros hemos soñado con tener mucha riqueza y una influencia increíble, pero tenemos que recordar que grandes cantidades de dinero y poder arruinan a los que no están preparados. Quizá pienses que ganar la lotería resolvería todos tus problemas, pero podría sacarlos a la luz, ahondarlos e intensificarlos.

¿Te has dado cuenta? La mayoría de nosotros podemos manejar mucho mejor el éxito *después* de haber probado el fracaso. Las duras lecciones aprendidas a través de los malos momentos nos preparan para lidiar con días mejores construyendo en nuestras vidas virtudes necesarias como la gracia, la dependencia y la perspectiva. Los malos momentos producen cosas buenas en nosotros que nos moldean y nos hacen ser el tipo de personas a las que Dios puede confiar el manejo de más cosas buenas.

Preparación para un mayor impacto ministerial

Charles Spurgeon está considerado como "el príncipe de los predicadores". Fue el primero en hablar regularmente a multitudes de varios miles domingo tras domingo en su Metropolitan Tabernacle en Londres en el siglo XIX. Escribió doscientos libros; sin embargo, durante su vida adulta batalló con una gota muy dolorosa y profundas épocas de depresión. Él sentía que sus padecimientos le mantenían humilde y dependiente del Señor. Con una gran visión escribió:

> *El éxito ininterrumpido y el gozo incesante en ello sería más de lo que nuestras débiles cabezas podrían soportar... Mi testimonio es que aquellos a quienes su Señor honra en público normalmente tienen que soportar una persecución secreta, o llevar una cruz algo peculiar, para que de ningún modo se exalten a sí mismos, y caigan en la trampa del diablo.*[4]

Su experiencia fue que la desgracia a menudo era la precursora de la prosperidad, formando el puente hacia la bendición. Dada su familiaridad con la fórmula, Spurgeon escribió:

> *La depresión viene sobre mí siempre que el Señor está preparando una bendición más grande para mi ministerio. Para mí ahora se ha convertido en un profeta con tosca vestimenta...Antes de cualquier gran logro, alguna medida de la misma depresión es algo muy normal.[5]*

Aumentó al doble sin el dolor inicial

Ocurre algo gracioso cuando un ser humano de repente experimenta una gran riqueza sin la preparación que produce el dolor previo. No les hace más felices y a menudo empeora las cosas. "Aunque la compra de poder se ha más que doblado desde la década de los años cincuenta, el americano promedio dijo que la felicidad ha seguido prácticamente inalterable", concluyó el profesor de la universidad Hope College, David G. Meyers, tras analizar la información de las encuestas del National Opinion Research Center y los datos sobre ganancias de *Historical Statistics of the United States* y *Economic Indicators*. Además dice:

> *El americano promedio, aunque ciertamente es más rico, no es ni un ápice más feliz. En 1957, alrededor del treinta y cinco por ciento dijeron ser "muy felices", como lo hicieron un poquito menos (treinta por ciento) en 2002. Sin duda, juzgando sobre la base de las estadísticas —un índice de divorcio doblado, más del doble de suicidios en adolescentes, y un aumento generalizado de la depresión—, los americanos contemporáneos parecen estar tristes más a menudo.[6]*

Perdiendo al ganar

Job perdió mucho, pero al final ganó más. A menudo, sin embargo, la gente que gana mucho pierde incluso más. Pocos de nosotros estamos realmente preparados para recibir una bendición mayor. Sin el proceso del dolor, no estamos preparados para la prosperidad.

Por ejemplo, un gran número de ganadores de lotería terminan peor económicamente de lo que estaban antes de ganar. Cerca de un tercio de ganadores multimillonarios de lotería entran en bancarrota en unos pocos años.[7]

El dinero no puede comprar la felicidad, y ganar la lotería no hace que la gente sea más feliz. Un estudio famoso midió la felicidad de los que han ganado la lotería con personas que recientemente habían quedado paralíticas. Ese estudio no encontró una diferencia notable en la felicidad entre los dos grupos.[8]

Muchos piensan que ganar la lotería resolvería sus problemas, pero piénsalo de nuevo. La evidencia indica claramente que aumentar la prosperidad sin desarrollar los valores necesarios y el carácter que se desarrolla a través de las pruebas y el sufrimiento puede ser algo devastador.

Pregúntale a "Bud" Post, que ganó más de 16 millones de dólares en la lotería en 1988. Ahora vive gracias a la Seguridad Social. "Preferiría que nunca hubiera ocurrido. Fue toda una pesadilla", dice Post. Su antigua novia le demandó y ganó pidiendo parte de sus ganancias. Un hermano fue arrestado por contratar a un hombre para matarle, esperando así heredar parte de las ganancias de Post. Sus otros hermanos le acosaron hasta que estuvo de acuerdo en invertir en empresas que no dieron dinero y que empeoraron su relación con ellos. Finalmente, Post pasó un tiempo en prisión. En un año, tenía una deuda de un millón de dólares. Hoy vive con cupones de comida que se les da a personas con pocos recursos.[9]

Pregúntale a Evelyn Adams. Esta mujer ganó la lotería en Nueva Jersey no una sola vez, sino dos (1985, 1986). Sus ganancias totales ascendieron a más de cinco millones de dólares. Hoy, todo su dinero se ha perdido y vive en un tráiler. "Ganar la lotería no es siempre tan bueno como lo pintan —dijo—. Yo alcancé el sueño americano pero también lo perdí. Fui una caída muy dolorosa. Realmente toqué fondo".[10]

Recibir grandes cantidades de dinero a menudo supone problemas para algunas personas. Pregúntale a Jack Whittaker. Ganó el premio gordo más grande de la lotería en la historia de los Estados Unidos, 113 millones de dólares. Cuando ganó, los periódicos pusieron fotografías de Jack, el bullicioso, feliz, afortunado y respetado contratista. Dos años después llevaban su fotografía para las fichas como un hombre ojeroso y sombrío que había sido arrestado dos veces por conducir borracho en un año y había sido puesto en rehabilitación. También fue a juicio por atacar al gerente de un bar, y fue acusado en dos juicios por causar problemas en un club nocturno y un circuito de carreras.[11]

Dios sabe que la mayoría de nosotros nunca podríamos manejar bien una recepción repentina de una gran cantidad de dinero. Debemos experimentar el dolor antes para estar preparados para la prosperidad. Él también sabe que son pocos los que pueden manejar grandes bendiciones ministeriales sin hacerse autosuficientes y orgullosos. Él desarrolla nuestro carácter y nuestra humilde dependencia de Él a través de las pruebas. Los azotes nos preparan para la bendición.

¿Por qué?

¿Por qué permitiría un Dios bueno que sus hijos experimenten cosas malas? Podría ser para prepararnos para recibir bendiciones mayores. Quizá el sufrimiento que estás padeciendo es parte del plan de Dios para prepararte para bendiciones mayores.

Notas

1. Bruce Wilkinson, *El Dador de Sueños* (Miami, FL: Unilit, 2004), p. 93.
2. Ibid., p. 93.
3. http://www.brucewilkinson.com/meetbruce.html (acceso obtenido 18 febrero 2007).
4. Como está citado en Helmut Thielicke, John Doberstein, trans., *Encounter with Spurgeon* (Grand Rapids: Baker, 1975), p. 214.
5. Richard E. Day, *The Shadow of the Broad Brim* (Philadelphia: Judson, 1934), p. 175.

6. David G. Meyers, "Happiness", http://www.davidmyers.org/Brix?pageID=48 (acceso obtenido 21 octubre 2006).

7. Sherri Granato, "Winning the Lottery: Curse or Blessing?" http://www.associatedcontent.com/article/70165/winning_the_lottery_curse_or_a_blessing.html (acceso obtenido 21 octubre 2006).

8. Philip Brickman, Dan D. Coates, y Ronnie J. Janoff-Bulman, "Lottery Winners and Accident Victims: Is Happiness Relative?", http://www.ncbi.nlm.nih.gov/entrez/query.gcgi?cmd+Retrieve&db+PubMed&list_uids=690806&dopt=Abstract (acceso obtenido 21 octubre 2006).

9. Ellen Goodstein, "8 Lottery Winners Who Lost Their Millions", Bankrate.com, http://articles.moneycentral.msn.com/SavingandDebt/SaveMoney/8lotteryWinnersWhoLostTheirMillions.aspx (acceso obtenido 21 octubre 2006).

10. Ibid.

11. Kelley Schoonover, "For Lottery Winner 113m Hasn't Brought Happiness," Associated Press, 14 diciembre 2004, http://www.boston.com/news/nation/articles/2004/12/14/lottery_winner_113m_hasnt_bought_happiness/.

7

Para posicionarnos para un mejor ascenso
GÉNESIS 50:20

¿Cómo es posible que un pastor hebreo, el hermano número once de su familia, se pueda convertir en primer ministro de un poderoso imperio mundial? Humanamente hablando sería absoluta, indudable e irrevocablemente imposible; pero hay un Dios que puede usar cosas muy malas para lograr cosas muy buenas, incluso cosas imposibles; que es exactamente lo que le ocurrió a un niño llamado José. Esta es su historia.

Cosas malas

Un adolescente un tanto precoz de diecisiete años, José, se despertó una mañana lleno de emoción pero también de temor. Esa noche había tenido un sueño muy claro: convertirse en un líder. Estaba convencido de que Dios había quitado el velo para dejarle ver un destello de su destino. Dios le estaba llamando a vivir una vida de liderazgo.

Con mucha emoción, José compartió con sus celosos hermanos mayores su sueño de convertirse un día en el líder de la familia, lo cual no fue una buena idea. La envidia de ellos se convirtió en un odio amargo, y esperaron su oportunidad de castigarle. Cosas malas estaban a punto de sucederle a una buena persona.

Pronto se presentó la oportunidad. José estaba haciendo lo que su padre le había pedido cuando fue a ver cómo les iba a sus hermanos que estaban pastando los rebaños a unos setenta kilómetros de distancia del campamento familiar. Sin sospechar nada, José cayó en una trampa. Sus celosos hermanos lo tomaron, lo arrojaron a un pozo vacío y estaban planeando dejarle allí hasta que muriese. Finalmente, el hermano mayor de José convenció a los otros hermanos para venderle a una caravana de mercaderes de esclavos.

De la noche a la mañana, su maravilloso sueño se convirtió en una horrible pesadilla. Traicionado y abusado por sus propios hermanos, fue abandonado a la muerte y luego vendido como esclavo. ¿Por qué un buen Dios permitió que algo tan malo le sucediera a un buen chico?

El hijo pasa a ser esclavo

¡Qué suceso tan doloroso, especialmente a manos de sus propios hermanos! Un día José era el hijo favorito de un pastor rico, y al día siguiente era un esclavo. Todas sus posesiones, derechos y privilegios le fueron arrebatados. No pasó a ser otra cosa que un producto, un artículo de propiedad en manos de hombres malvados. ¿Dónde estaba Dios?

Finalmente, la caravana se detuvo en Egipto, una tierra extraña junto al río Nilo. Potifar, el capitán de la guardia del faraón, compró a José y le puso a trabajar sirviendo en su gran casa.

La vida de José comenzó a aparecer. Rehusó convertirse en una persona amargada con Dios. Trabajó duro, y pronto comenzó a mostrar habilidades de liderazgo. Poco a poco se ganó la confianza de Potifar, y su papel aumentó hasta que fue puesto a cargo de la administración de la casa. Lejos de su hogar, en un lugar extraño, en la baja posición de esclavo, José estaba aprendiendo a liderar. Buenas cosas empezaron a ocurrir.

Después todo se vino abajo.

Más cosas malas

José era un joven atractivo, y captó la atención de la esposa de Potifar. La lujuriosa mujer intentó seducir a José. En su lealtad a Dios y a su amo, él repetidamente rechazó sus insinuaciones. Hizo lo correcto, y uno esperaría que Dios le bendijera con buenas cosas por su leal obediencia en medio de la prueba, pero no fue así. Le sucedieron más cosas malas a una buena persona.

Despreciada y vengativa, la maliciosa mujer acusó a José de intentar violarla. Era la palabra de la esposa egipcia de un oficial de alto rango contra la de un esclavo extranjero. José no tenía posibilidades. Lo siguiente que se encontró fue que iba a parar a la cárcel. El dolor se amontonaba sobre el dolor. Por si no había sido poco ser esclavo, ahora era también un convicto. ¿Por qué estaba permitiendo Dios que cosas tan malas le sucedieran a un hombre tan bueno?

Lo malo se convierte en peor

Al principio, el aprieto de José contenía un hilo de promesa. Su ética de trabajo y liderazgo se pudo poner en práctica, y tuvo una buena oportunidad de desarrollarse como un siervo líder. José tuvo el privilegio de relacionarse con unos cuantos de los antiguos altos cargos del faraón que ahora eran prisioneros políticos. Hablaban de la vida en el palacio y los desafíos de liderar a una nación. Buenas cosas estaban comenzando a ocurrir.

La posición de José en prisión le dio la oportunidad de predecir que el antiguo copero del rey sería restaurado a su posición previa. Al hacer la predicción, José esperaba que el copero defendiera la grave e injusta situación de José y abogara por su caso cuando saliera. Quizá sería así liberado de la prisión.

Pero los días se convirtieron en semanas. Las semanas en años. El copero se olvidó de él. El sueño de José de ser libre murió.

¿Cuánto más podría empeorar la situación? Él fue injustamente rechazado por su familia, vendido como esclavo, y puesto en la cárcel injustamente. Ahora había quedado olvidado, dejado tras las rejas. Desde que se le había dado aquel maldito sueño, José había experimentado un terrible evento tras otro.

¿Dónde estaba Dios? ¿Por qué permitió Dios que cosas tan extremadamente malas le sucedieran a José? ¿Qué había hecho José para merecer tan severo sufrimiento y dolor? ¿No le importaba a Dios? ¿Qué estaba haciendo Dios?

Sucedía que Dios tenía bajo control cada paso del camino.

El sueño se convierte en destino

Una fatídica noche, el faraón se levantó de la cama empapado en sudor, incapaz de evitar los sueños que habían frustrado su descanso. Llamó a sus consejeros, pero ellos se quedaron perplejos con sus extraños sueños. Sin nadie capaz de interpretar el sueño del faraón, de repente el copero se acordó de lo que José había hecho cuando interpretó su sueño. Así que el copero le habló al faraón de José.

Inmediatamente, el faraón llamó a José y le volvió a contar su extraño sueño. José escuchó pacientemente, pidiéndole calladamente a Dios que le diera dirección. Con la habilidad que Dios le había dado, José interpretó el sueño del faraón como una predicción de Dios de años inminentes de hambre extrema.

Astutamente, José también desarrolló un sencillo plan para evitar la mortal destrucción de la hambruna acumulando provisiones. Muy impresionado por la habilidad de José no sólo de interpretar los sueños, sino también de detallar una solución, el faraón actuó.

Con su autoridad como emperador de Egipto, el faraón sorprendió al mundo nombrando a José primer ministro de toda la nación. ¡Eso sí que es un improbable e increíble ascenso! ¡Un esclavo hebreo y presunto violador encarcelado fue nombrado mano derecha del gobernante más poderoso de la nación más poderosa del planeta en ese momento!

En su nuevo papel, José almacenó cuidadosamente provisiones. De todas las naciones del Oriente Medio, sólo Egipto estuvo preparada cuando llegó la terrible hambruna. José alimentó a su pueblo, hizo mucho dinero vendiendo grano a las naciones, y salvó las vidas de muchas personas, incluyendo a su familia. Vio trece años de verdaderas experiencias terribles barridas por el vertiginoso bien que Dios logró para él y a través de él, bien que nunca habría ocurrido sin la ayuda de lo malo.

Cosas buenas como consecuencia de las malas

Me encanta esta historia. Como un amo sabio uniendo pacientemente dos piezas de un rompecabezas para formar una imagen sorprendentemente bonita, Dios usó cada pizca de lo malo que experimentó José para posicionarle para el ascenso más alto posible y el mayor bien posible. ¡Tremendo! Sólo Dios podría usar el desagradable dolor del rapto, la esclavitud y la prisión para preparar providencialmente y posicionar a un niño para cumplir sus sueños más atrevidos *y* salvar las vidas de muchas personas *y* salvar a la raza hebrea de morir de hambre.

¿Por qué permite Dios que sucedan cosas malas a personas buenas? A veces es para posicionarles para un mayor ascenso. Dios es lo suficientemente grande como para lograr unos increíbles buenos resultados a partir de los malos eventos. Piensa en la vida de José.

- Sirviendo como esclavo administrando la casa de Potifar y como prisionero dirigiendo una prisión, José aprendió más sobre liderazgo de lo que lo habría aprendido en su casa.
- Solamente estando en prisión, José pudo conocer a algunos de los antiguos oficiales del gabinete y así fue estratégicamente situado para tener la posibilidad de explicar el sueño del faraón.
- Como resultado de ser vendido como esclavo a una caravana que le llevó a Egipto, José fue divinamente posicionado para servir al final como primer ministro de Egipto, la nación más influyente de la tierra en ese tiempo.

Ninguna de las cosas positivas en la vida de José habrían o podrían haber ocurrido sin lo negativo. ¿Por qué permitió Dios que sucedieran cosas malas a un buen hombre?

Con mucha destreza, como un maestro tejedor, usando libremente diferentes piezas, acontecimientos feos, tratos injustos y largos periodos de oscuridad, Dios ha entretejido todas estas cosas para realizar un tapete muy hermoso. Como un cocinero de élite, Él cocinó un guiso delicioso con verduras viejas, especias caducadas y restos olvidados que languidecían en la despensa de la vida de José. Dios convirtió todas las cosas malas en cosas muy buenas.[1]

Redirección

Durante mi primer año en la secundaria tuve una etapa de lucha libre muy buena. Varios institutos comenzaron a perseguirme para ofrecerme el potencial de las becas. Había dedicado mi vida totalmente a Dios y esperaba usar mis capacidades atléticas para darle gloria a su nombre.

Sin embargo, en mi último año me lesioné la rodilla a mitad de temporada. Mis grandes sueños se desplomaron. Mi lesión no sólo era dolorosa y frustrante, sino que puso fin abruptamente al potencial de las becas. Estaba consternado por mi mala fortuna pero intenté mantener la fe de que Dios obraría y haría que esa situación sirviera para bien.

¿Por qué permitió Dios que me pasaran cosas malas cuando yo sólo estaba intentando vivir bien la vida? Ahora puedo ver que al menos una razón era para redirigir mi camino. Terminé luchando en una universidad cristiana, algo que no había considerado antes de mi lesión. Mientras estaba allí, conocí a Cathy, la chica que se convertiría en mi esposa, y fui llamado y entrenado para una vida en el ministerio también.

Dios sacó algo bueno de lo malo. Usó mi lesión para redirigirme a una universidad diferente y a una carrera diferente que no hubiera descubierto de otra manera. Ahora veo que Dios usó mi lesión, y la decepción resultante, para situarme donde tenía que estar para lo que Él tenía para mí.

¿Por qué permite Dios que sucedan cosas malas a personas buenas? A veces es para posicionarles mejor para un ascenso. Muchos empresarios me han contado cómo les han pasado injustamente por encima para obtener ascensos, cómo han sido despedidos injustamente, y cómo más tarde se han dado cuenta de que Dios había usado esa prueba para posicionarles estratégicamente en un trabajo mucho mejor.

¿Por qué?

¿Por qué permitiría Dios que cosas negativas le sucedan a su propio pueblo? Puede que lo haga para posicionarles para un ascenso más grande.

Nota

1. Dave Earley, *The 21 Most Encouraging Promises in the Bible* (Uhrichsville, OH: Barbour, 2005), p. 50.

Para prepararnos para lo milagroso

2 Crónicas 20

8

"¿Cómo definirías un milagro?", me preguntó un amigo mío con un suave tono de voz.

"He oído que lo definen como la rara intervención de Dios por medio de la cual las leyes, curso y operación normal de la naturaleza se ven alterados, suspendidos o anulados. ¿Por qué?"

En un tono reverente y con los ojos llenos de lágrimas, tragó y respondió: "Porque creo que he experimentado uno".

Dos meses antes de esa conversación, a mi buen amigo el Dr. Daniel Mitchell le habían diagnosticado cáncer de páncreas. Como el cáncer de páncreas es casi siempre letal, la noticia del cáncer había supuesto un duro golpe para Dan, su familia y todos los que le conocían. La idea de perder al querido profesor de teología y rector académico del seminario era dolorosa, y oramos por un milagro. Muchos lloraron, oraron e intentaron débilmente animar a su esposa Nancy. Dan, sin embargo, se mantenía sorprendentemente calmado. Tras unas semanas de lucha inicial, Dan tenía una gran confianza en el hecho de que Dios haría lo que fuera mejor.

Esa semana había sufrido una serie desalentadora de pruebas agotadoras que los doctores habían pedido y esperaban los resultados. Sorprendido por lo que los doctores habían visto, su doctor le dio el veredicto. Lo que parecía ser un tumor cancerígeno en sus rayos X ahora sólo era una sombra en el escáner.

Los doctores le dieron un informe médico totalmente limpio. ¡Su historia demuestra que Dios sigue aún trabajando en la empresa de los milagros!

Sin desastres no hay milagros

Cuando Dios va a hacer algo maravilloso, comienza con una dificultad.
Si va a hacer algo maravilloso en exceso, comienza con un desastre.[2]

¿Te gustaría que Dios hiciera un milagro increíble, sorprendente, inexplicable, que te hiciera ponerte de pie y gritar en tu vida? ¿Quién no querría ver una enfermedad sanada al instante? ¿Quién no querría ver un niño saludable en una matriz estéril? ¿Y qué hay de un hombre que resucitara? ¿Qué tal caminar sobre un mar tormentoso? ¿Cómo sería ver un torrente de agua limpia y a borbotones en el desierto? Piensa antes de responder.

Un día, cuando yo estaba estudiando los milagros en la Biblia, tuve una idea profunda. Para ti probablemente es algo obvio, pero para mí fue un nuevo entendimiento y algo grandioso. Mi gran frenesí era este: *no hay milagros sin desastres*.

Lee las Escrituras. Cada milagro fue seguido muy de cerca por un gran desastre. Por ejemplo:

- Sara soportó noventa años la frustrante humillación de la esterilidad *antes* de que naciera su milagroso bebé Isaac.
- Moisés estaba dirigiendo a un millón de esclavos hacia la muerte a manos del faraón y sus carros *antes* de que se abriera el mar Rojo, permitiéndoles pasar por tierra seca.
- Miles de personas tuvieron que cansarse y pasar hambre *antes* de que Jesús multiplicara los panes y los peces para que todos comieran.
- La viuda y su hijo tuvieron que pasar mucha hambre *antes* de la ilimitada harina y el inagotable jarro de aceite. Sin embargo tanto la harina como el aceite se acabaron cuando ya no eran necesarios.
- Daniel tuvo que ser echado al foso de los leones *antes* de poder estar allí sin recibir ni un solo arañazo.
- Sadrac, Mesac y Abednego fueron arrojados al horno de fuego *antes* de ser protegidos por el Hijo de Dios de tal forma que ninguno de ellos ni tan siquiera olía a humo.

- Bartimeo tuvo que experimentar una vida de ceguera *antes* de experimentar el toque de sanidad del gran Médico.
- Jesús nunca habría tenido que liberar al hombre en los sepulcros de una legión de demonios si el hombre primero no hubiera estado endemoniado.
- Los diez leprosos tuvieron que sufrir la lepra *antes* de experimentar el milagro de su sanidad.
- Pedro tuvo que ir a prisión *antes* de que el ángel pudiera soltar sus cadenas y liberarle.
- *Antes* del increíble terremoto que abrió el corazón del carcelero de Filipo, Pablo y Silas tuvieron que ir a la cárcel.
- ¡Lázaro tuvo que morir *antes* de poder resucitar de la muerte! Igual le pasó a Jesús.

El relato bíblico es bastante claro. No hay milagros sin desastres previos. La necesidad de un milagro sólo se produce ante la presencia de una situación imposible, normalmente un sufrimiento insoportable.

El milagro de un hombre

Quizá ya te haya pasado. Has estado haciéndolo todo bien, viviendo todo lo mejor que sabías, y sin embargo, de repente, una nube espesa y siniestra oscureció el cielo. Bloqueó toda esperanza de poder ver. Las posibilidades eran muy remotas, y la situación parecía imposible. Te viste metido desesperanzadamente en un gran lío. La única manera de salir era un milagro.

El rey Josafat y su nación, Judá, también experimentaron eso. Él había trabajado diligentemente para hacer volver a su pueblo a Dios. Era un buen hombre, pero de repente, tres grandes ejércitos sedientos de sangre se aliaron contra él y ahogaron el delgado cuello de su solitario ejército. Un mar de malvados invasores se había concentrado para barrer Jerusalén como una terrible marea. Él estaba en gran un lío y muy feo.

¿Qué podía hacer? Rendirse significaba ciertamente la esclavitud. Luchar significaba una derrota definitiva y la muerte. Lo que necesitaba era un milagro innegable, pasmoso, casi increíble y por todos los medios posibles.

Cuando experimentamos la inminente amenaza del gran dolor y la pérdida total, siempre nos enfrentamos a una decisión: podemos correr a Dios y confiar en Él o darle la espalda y alejarnos.

Lleva tus problemas al Señor

Josafat corrió a Dios. Convirtió sus problemas en oraciones. Yo no sé si él oró porque era un gigante de la fe o tan sólo un cobarde sin otro sitio donde ir. No importa. Lo que importa es que convirtió su mayor problema en su mayor oración y además ayunó. Sabiamente, invitó a toda Judá a unirse a él. Reconociendo la desesperada magnitud de su oración, la gente vino de toda Judá a unirse a la oración (2 Crónicas 20:3-13).

Josafat acudió a Dios con total honestidad, deplorable desesperación y una desnuda humildad en su petición. Básicamente le dijo a Dios: "No podemos hacer nada. Tampoco sabemos qué hacer, ¡pero te miramos a ti!"

Dios es compasivo y es atraído por el quebranto. Tales peticiones puede que no siempre nos den lo que queremos, pero nos ponen en el camino para conseguir lo que Dios quiere.

Me gusta guardar diarios, y cuando los vuelvo a leer, veo que la oración que más a menudo hago está compuesta de tres frases cortas y simples: "No puedo. Pero tú sí. Por favor, hazlo". Es bueno entregarle tus problemas al Solucionador de problemas, porque Él sí puede manejarlos.

La batalla le pertenece al Señor

A veces, cuando pedimos milagros, la sabia respuesta de Dios es el silencio. Dios ve que para nosotros, en ese momento, la liberación no es lo mejor, pero felizmente no siempre es este el caso, y no lo fue para Josafat y Judá. Como respuesta a su desesperada oración, Dios les dio una rápida respuesta y sorprendentemente animosa.

"…porque la batalla no es de ustedes sino mía. … Pero ustedes no tendrán que intervenir en esta batalla. Simplemente, quédense quietos en sus puestos, para que vean la salvación que el Señor les dará. … porque yo, el Señor, estaré con ustedes."

2 CRÓNICAS 20:15, 17

Guerra espiritual de alabanza

Dios les había prometido un milagro, pero ellos tuvieron que creerle activamente. Así que Josafat desveló su plan de batalla de Guerra espiritual de alabanza. Sería un símbolo de su fe activa en su Dios viviente.

Al día siguiente, madrugaron y fueron al desierto de Tecoa. Mientras avanzaban, Josafat se detuvo y dijo: «Habitantes de Judá y de Jerusalén, escúchenme: ¡Confíen en el Señor, y serán librados! ¡Confíen en sus profetas, y tendrán éxito!» Después de consultar con el pueblo, Josafat designó a los que irían al frente del ejército para cantar al Señor y alabar el esplendor de su santidad con el cántico: «Den gracias al Señor; su gran amor perdura para siempre.»

2 CRÓNICAS 20:20-21

La verdadera batalla

Me hubiera gustado estar allí esa mañana. Me encantaría haber sido uno de los músicos o cantantes, quienes normalmente observaban las batallas desde la distancia, pero que ahora estaban alineados en primera línea de fuego del ejército. Imagínate los pensamientos y el incesante temor que debieron de haber tenido en la superficie de sus mentes. *Esto es una locura. A menos que Dios intervenga, estamos marchando como ovejas al matadero. Estaremos cantando "Demos gracias al Señor", y ellos estarán cortando nuestras cabezas.*

Piensa por un instante en los pensamientos que debieron de haber estado tocando a la puerta de la mente de los soldados de Judá. *Esto es una locura. Estos torpes cantantes van a estar por medio. Lo único bueno es que quizá después de matarlos a todos, los malos se habrán cansado bastante. Pero ni aún así tendremos oportunidad alguna.*

Nos imaginamos lo que estarían pensando los miembros del consejo de Josafat. *Finalmente el viejo ha perdido la cabeza. ¿Ir a la batalla cantando alabanzas? Este plan no tiene futuro. Espero que nos hagan esclavos y no ejemplos.*

La batalla más grande que enfrentaron los de Judá no fue su enemigo, sino luchar contra sus propios temores. Realmente fue una batalla para creer. A menudo es mucho más difícil luchar contra el invisible temor que contra el visible enemigo. ¿Por qué Dios permitió que entraran en esa situación? Una razón fue que Él quería probar y fortalecer su fe.

Afortunadamente, la fe venció a los temores. Se alinearon y marcharon, cantando alabanzas a su Dios guerrero, ¡y funcionó!

Dios gana

> *Tan pronto como empezaron a entonar este cántico de alabanza, el Señor puso emboscadas contra los amonitas, los moabitas y los del monte de Seír que habían venido contra Judá, y los derrotó. De hecho, los amonitas y los moabitas atacaron a los habitantes de los montes de Seír y los mataron hasta aniquilarlos. Luego de exterminar a los habitantes de Seír, ellos mismos se atacaron y se mataron unos a otros.*
>
> 2 Crónicas 20:22-23

Me encanta esta historia. Sólo *cuando* comenzaron a cantar y alabar fue cuando Dios comenzó a trazar la emboscada a los malvados invasores. Y los tomó por sorpresa. El enemigo quedó tan confundido que pelearon entre sí, y en un instante, todos se habían destruido unos a otros.

Probablemente tardaron a lo sumo unas pocas horas los hombres de Judá en agruparse, alinearse y marchar al lugar para ver el desierto donde habían acampado los invasores, ¡pero tardaron tres días en recoger el botín! (2 Crónicas 20:25)

Pero hay más. En una mañana, Dios no sólo había bendecido y aumentado la fe de los de Judá, no sólo les había dado una gran cantidad de bienes gratis, sino que también había derrotado de tal forma al enemigo más cercano de los de Judá que otros posibles enemigos decidieron mantenerse alejados también (2 Crónicas 20:29-30). La nación disfrutó de un largo periodo de paz.

Pero además de todo esto, esta sensacional historia de una victoria milagrosa se ha escrito en nuestras Biblias y ha sido la fuente de un ánimo inmenso para muchos creyentes durante miles de años.

No pases por alto el hecho más destacado de esta historia real. El milagro glorioso y esos grandes subproductos no habrían ocurrido, no podrían haber ocurrido, si el enemigo invasor no hubiera estado soplando invenciblemente en sus cuellos. ¿Por qué permitió Dios que un buen rey como Josafat se enfrentara a algo tan malo como una sangrienta invasión y una inminente destrucción? ¿Por qué un Dios amante y todopoderoso permitió que ocurriera un lío tan grande? Porque sabe que no hay milagros sin desastres.

¿Por qué?

Todo el mundo quiere milagros, pero nunca debemos olvidar que los milagros no vienen sin previos desastres. La gente no puede ser sanada a menos que primero esté enferma. Las facturas no se pueden pagar a menos que haya facturas pendientes de pago. No se necesitan los milagros a menos que la gente se encuentre en situaciones imposiblemente dolorosas.

¿Por qué permite Dios que sucedan cosas malas a personas buenas? A veces es como una preparación para un milagro.

Notas

1. La historia de Daniel Mitchell ha sido usada con permiso.
2. Dewey Cass, citado en Tim Hansel, *Through the Wilderness of Loneliness* (Elgin, IL: Cook, 1991), p. 18.

9

Para aumentar el
testimonio de Dios
DANIEL 6

Daniel era una persona increíblemente buena además de un excelente administrador. Su jefe, el rey Darío, estaba tan impresionado con Daniel que quiso nombrar a Daniel primer ministro, su mano derecha. Daniel estaría a cargo de todo el inmenso reino de los medos y los persas.

Pero los otros administradores tuvieron celos de Daniel, y comenzaron a tramar una manera de deshacerse de él. Sin embargo, él era tan competente y su historial estaba tan limpio que la única acusación que pudieron encontrar en su contra era su fe en el Dios viviente. Así que prepararon un enrevesado plan. Apelarían al ego del rey y atraparían a Daniel al mismo tiempo. ¡Brillante! Lee lo que hicieron:

> Formaron entonces los administradores y sátrapas una comisión para ir
> a hablar con el rey, y estando en su presencia le dijeron:
> —¡Que viva para siempre Su Majestad, el rey Darío! Nosotros los
> administradores reales, junto con los prefectos, sátrapas, consejeros
> y gobernadores, convenimos en que Su Majestad debiera emitir y
> confirmar un decreto que exija que, durante los próximos treinta días,
> sea arrojado al foso de los leones todo el que adore a cualquier dios
> u hombre que no sea Su Majestad. Expida usted ahora ese decreto, y
> póngalo por escrito. Así, conforme a la ley de los medos y los persas, no
> podrá ser revocado. El rey Darío expidió el decreto y lo puso por escrito.
> DANIEL 6:6-9

No menospreciaron a Daniel ni su fidelidad a Dios. Cuando se enteró del decreto, Daniel hizo exactamente lo que había hecho antes, siguió orando tres veces al día a su Dios. Juntos, sus enemigos llegaron y le encontraron orando, y fueron maliciosamente a darle la noticia al rey. Su malévolo plan estaba funcionando a la perfección.

> *Fueron a hablar con el rey respecto al decreto real: —¿No es verdad que*
> *Su Majestad publicó un decreto? Según entendemos, todo el que en los*
> *próximos treinta días adore a otro dios u hombre que no sea Su Majestad,*
> *será arrojado al foso de los leones.*
> *—El decreto sigue en pie —contestó el rey—. Según la ley de los medos y*
> *los persas, no puede ser derogado.*
> DANIEL 6:12

Comprensiblemente, el rey se entristeció de que Daniel hubiera caído en la malvada tela de araña, pero a la vez los decretos del rey de los medos y los persas no podían ser revocados por nadie, lo cual incluía al propio rey. No tenía otra opción. Tenía que enviar a Daniel a su muerte.

> *El rey dio entonces la orden, y Daniel fue arrojado al foso de los leones.*
> *Allí el rey animaba a Daniel:*
> *—¡Que tu Dios, a quien siempre sirves, se digne salvarte!*
> *Trajeron entonces una piedra, y con ella taparon la boca del foso. El rey*
> *lo selló con su propio anillo y con el de sus nobles, para que la sentencia*
> *contra Daniel no pudiera ser cambiada.*
> DANIEL 6:16-17

El resto de la historia

Detente. Piensa sobre lo ocurrido. Daniel era un buen hombre que estaba sentenciado a muerte por hacer algo bueno: por ser fiel a Dios y orar a pesar de las circunstancias. ¿Por qué un Dios bueno y todopoderoso permitió que le sucediera algo tan terrible a una persona verdaderamente buena? Vamos a descubrirlo.

Tan pronto como amaneció, se levantó y fue al foso de los leones. Ya cerca, lleno de ansiedad gritó: —Daniel, siervo del Dios viviente, ¿pudo tu Dios, a quien siempre sirves, salvarte de los leones?

—¡Que viva Su Majestad por siempre! —contestó Daniel desde el foso—. Mi Dios envió a su ángel y les cerró la boca a los leones. No me han hecho ningún daño, porque Dios bien sabe que soy inocente. ¡Tampoco he cometido nada malo contra Su Majestad!

Sin ocultar su alegría, el rey ordenó que sacaran del foso a Daniel. Cuando lo sacaron, no se le halló un solo rasguño, pues Daniel confiaba en su Dios.

Daniel 6:19-23

¡Tremendo! Dios permitió un desastre tan grande para poder hacer un milagro así. Nadie sobrevivió después de estar una noche en el foso de los leones, salvo Daniel. Nadie podía esperar que sobreviviera ni un minuto o dos en el foso de los leones sin ser desesperanzadoramente mutilado y lisiado, si no gravemente cortado y herido, pero Daniel pudo. Su Dios le había liberado.

Pero ese no es el final de la historia. Sigue leyendo.

Entonces el rey mandó traer a los que falsamente lo habían acusado, y ordenó que los arrojaran al foso de los leones, junto con sus esposas y sus hijos. ¡No habían tocado el suelo cuando ya los leones habían caído sobre ellos y les habían triturado los huesos!

Daniel 6:24

Me encanta cuando al final los malos son capturados. Pero hay más, la historia mejora. Darío proclamó un nuevo decreto que anulaba al anterior.

Más tarde el rey Darío firmó este decreto: «A todos los pueblos, naciones y lenguas de este mundo:

»¡Paz y prosperidad para todos! He decretado que en todo lugar de mi reino la gente adore y honre al Dios de Daniel. Porque él es el Dios vivo, y permanece para siempre. Su reino jamás será destruido, y su

dominio jamás tendrá fin. Él rescata y salva; hace prodigios en el cielo y
maravillas en la tierra. ¡Ha salvado a Daniel de las garras de los leones!»
Fue así como Daniel prosperó durante los reinados de Darío y de Ciro
el Persa.

DANIEL 6:25-28

El cuadro mayor

Algo muy grande, feo y malo le ocurrió a Daniel. Se tramó un plan
injustamente contra él, y como resultado, fue arrojado al foso de los
leones por servir fielmente a su Dios. Sin embargo, Dios convirtió esta
gran maldad en otras muchas cosas aún mejores.

- Daniel fue salvado.
- Los enemigos de Daniel fueron destruidos.
- Daniel fue asegurado para el resto de su vida.
- El rey recibió un testimonio poderoso del poder de Dios y su
  amor por sus hijos.
- La libertad religiosa para todos los judíos aumento en gran
  manera.
- Y lo mejor de todo, ¡se lo ordenó a toda la nación que temie-
  ran y reverenciaran al Dios de Daniel!

¿Por qué permitió Dios que un hombre bueno como Daniel
experimentara un incidente tan terrible? Las razones fueron varias y las
bendiciones abundantes. ¡Sí, Dios!

El cuadro aún mayor

El plan final de Dios tras todas sus actividades en este planeta es
presentar a la humanidad un testimonio claro de quién es Él verdaderamente y qué hace. Aunque la situación de Daniel impactó su vida
y su futuro, fue más allá de eso. Toda una generación de paganos y
judíos que vivía en el reino más poderoso de la tierra recibió un gran

testimonio de la inmensa gloria del Dios viviente. ¿Quién sabe cuántas de esas personas se volvieron a Dios o pudieron vivir mejor para Él debido a que Daniel fue arrojado al foso de los leones? Y aún más, ¿cuántos de nosotros, en los pasados miles de años, hemos visto fortalecerse nuestra fe al leer la verdadera historia de Daniel y el foso de los leones?

La misma historia interpretada por diferentes actores

Lo que le ocurrió a Daniel no es un caso único. Varios años antes, cuando el rey de Babilonia, Nabucodonosor, estaba en el trono, tres de los amigos hebreos de Daniel (ya sabes sus nombres: Sadrac, Mesac y Abednego) se enfrentaron a una situación similar. Tenían que, o bien postrarse ante un ídolo hecho a la imagen del rey, o ser ejecutados. Como Daniel, ellos rehusaron postrarse ante nadie que no fuera el Dios vivo. Como resultado, fueron arrojados al horno de fuego, calentado siete veces más de lo normal.

De nuevo, algo malo les ocurrió a personas buenas porque fueron fieles a Dios. Y de nuevo, Dios intervino milagrosamente.

> *En ese momento Nabucodonosor se puso de pie, y sorprendido les preguntó a sus consejeros: —¿Acaso no eran tres los hombres que atamos y arrojamos al fuego? —Así es, Su Majestad —le respondieron.*
> *—¡Pues miren! —exclamó—. Allí en el fuego veo a cuatro hombres, sin ataduras y sin daño alguno, ¡y el cuarto tiene la apariencia de un dios!*
> *Dicho esto, Nabucodonosor se acercó a la puerta del horno en llamas y gritó:*
> *—Sadrac, Mesac y Abednego, siervos del Dios Altísimo, ¡salgan de allí, y vengan acá!*
> *Cuando los tres jóvenes salieron del horno, los sátrapas, prefectos, gobernadores y consejeros reales se arremolinaron en torno a ellos y vieron que el fuego no les había causado ningún daño, y que ni uno solo de sus cabellos se había chamuscado; es más, su ropa no estaba quemada ¡y ni siquiera olía a humo!*
> Daniel 3:24-27

De nuevo, Dios usó su cambio de mal a bien para proporcionar un testimonio claro y poderoso de su gloria. Como en el caso anterior, se cambiaron las leyes para avanzar la adoración a Él, ¡y nuevamente su pueblo terminó con una mayor prosperidad y promoción de la que hubieran alcanzado de cualquier otra forma! ¡Sí, Dios!

> *Entonces exclamó Nabucodonosor: «¡Alabado sea el Dios de estos jóvenes, que envió a su ángel y los salvó! Ellos confiaron en él y, desafiando la orden real, optaron por la muerte antes que honrar o adorar a otro dios que no fuera el suyo. Por tanto, yo decreto que se descuartice a cualquiera que hable en contra del Dios de Sadrac, Mesac y Abednego, y que su casa sea reducida a cenizas, sin importar la nación a que pertenezca o la lengua que hable. ¡No hay otro dios que pueda salvar de esta manera!»*
> *Después de eso el rey promovió a Sadrac, Mesac y Abednego a un alto puesto en la provincia de Babilonia.*
> Daniel 3:28-30

De malo a bueno en el siglo XXI

A Matt, mi buen amigo joven al que estuve dando mentoría, le llamaron de nuestra iglesia para comenzar una nueva iglesia al otro lado de la ciudad. Vio de primera mano cómo Dios pudo cambiar una situación potencialmente devastadora en una bendición para toda la comunidad.

Su recién estrenada iglesia, New Life Church, comenzó a reunirse en un edificio de propiedad privada. Un mes después, Matt recibió una carta de los oficiales de la zona de "cese y suspensión", pidiendo que la iglesia cesara inmediatamente de reunirse en su actual lugar de reunión. La razón que le daban era que estaban violando el código zonal, y si no acataban, serían acusados criminalmente por cada reunión.

La iglesia creyó que tenía el derecho constitucional de reunirse, así que no dejaron de adorar los domingos. Matt buscó el consejo en la Biblia y reclamó la verdad que se encuentra en Hechos 5:38-39.

> *«En este caso les aconsejo que dejen a estos hombres en paz. ¡Suéltenlos! Si lo que se proponen y hacen es de origen humano, fracasará; pero si es de Dios, no podrán destruirlos, y ustedes se encontrarán luchando contra Dios.»*

En las semanas siguientes, las cosas empeoraron. El propietario de la sala recibió cargos criminales por permitir que la iglesia se reuniera en sus propiedades. El director de la ley de la ciudad incluso comparó públicamente a la iglesia con una organización que alquilaba el lugar para vender drogas ilegales. La incesante opresión forzó a la iglesia y al propietario del lugar a poner de mutuo acuerdo una demanda federal contra la ciudad para retener el derecho de que la iglesia se pudiera reunir.

Fue entonces cuando Dios intervino para darle la vuelta a la situación y bendecir a muchos. Cuando la iglesia había comenzado, la legislación zonal no permitía *ningún* nuevo edificio destinado para iglesia. Por consiguiente, no se había construido ningún edificio nuevo destinado a ser iglesia en la ciudad durante más de veinticinco años. Sin embargo, cuando se cerró la demanda (fuera de las cortes), la ciudad había modificado su código zonal. Hoy, ¡están permitidas las reuniones de iglesias y los edificios destinados a iglesias en casi todas las partes de la ciudad![1]

¿Por qué?

Entonces, ¿por qué permite Dios que personas muy buenas pasen por tiempos de prueba y situaciones agobiantes? A veces *Él* lo usa para lograr cosas mejores y dar a conocer su testimonio más lejos de lo que habría podido llegar de no haber sido así.

Nota

1. Historia usada con permiso de Matt Chittum, pastor de la iglesia New Life Church, Hilliard, Ohio (http://www.newlife.us/).

Para acercarnos a Él

HECHOS 16

10

Él soñaba con una buena vida, un buen trabajo y una buena familia. Le faltaban sólo unos meses para su jubilación. Las cosas le estaban saliendo bien, hasta la noche en que todos sus sueños fueron zarandeados y se vinieron abajo.

No muy avanzado el día, había detenido a dos prisioneros políticos. Los religiosos zelotes, ellos habían incitado a una revuelta. Él no sabía todos los detalles, pero de algún modo esas dos personas terribles decían haber echado fuera un demonio de una esclava en el nombre de Jesús. Habían sido llevados ante las autoridades y castigados severamente con látigos y golpes. Fue entonces cuando se los entregaron a él.

Él los encerró en la celda interior y apresó sus pies con los grilletes. Iba a dormir profundamente esa noche, pues nadie podría escaparse de ahí, o al menos eso pensaba él.

A diferencia del resto de los prisioneros, que gemían y gritaban, esos locos comenzaron a orar y cantar alabanzas a Jesús. No eran buenos cantantes, pero su canto era interesante y sonaba bastante bien… e inofensivo (pensaba él). Así que se fue a dormir.

De repente, el suelo comenzó a moverse, y las paredes comenzaron a temblar. Se estaba produciendo un terremoto justamente debajo de la celda de esos dos hombres religiosos. Milagrosamente, todas las puertas de la prisión se abrieron por completo y todas las cadenas se abrieron. Nadie estaba herido.

¿Cómo había podido ocurrir eso? ¿Qué había hecho mal? Todas sus esperanzas y sueños se fueron, se desvanecieron por completo.

Temblando, el carcelero sabía lo que tenía que hacer. Permitir que los prisioneros escaparan era algo inaceptable. Cuando él aceptó el trabajo, era consciente de las reglas, y si un carcelero perdía a un prisionero, con él perdía también su vida. Así que decididamente tomó su espada y la puso contra su estómago. Un rápido movimiento y todo se habría terminado.

Adiós esposa, adiós hijos, adiós mundo.

"¡Alto!" una voz interrumpió su concentración.

"No te hagas ningún daño. Todos estamos aquí". Eran esos dos hombres.

Aturdido, sorprendido, aliviado, rebosante de gozo, temeroso; el hombre pidió que le llevaran una luz. Corriendo a su celda, encontró a los dos hombres preocupados, tranquilos, ilesos y sonriendo. Felizmente, acompañó a esos productores de milagros a la habitación donde su familia estaba reunida con entusiasmo. Estaban confundidos y aliviados. Habían supuesto que el carcelero ya se habría suicidado, pero allí estaba, en pie, delante de ellos con los dos hombres sonrientes.

—Señores —preguntó el hombre con los labios temblorosos—, ¿qué debo hacer para ser salvo?

—Cree en el Señor Jesús, y serás salvo —respondió uno de ellos. Después, haciendo un gesto a la familia del hombre, añadió: —Tú y tu casa.

Ellos creyeron en el Señor Jesús y lo demostraron bautizándose (para conocer toda la historia, lee Hechos 16:16-40). Una razón por la que estos buenos hombres, Pablo y Silas, sufrieron fue para poder estar en una posición desde la que poder llevar al carcelero filipense a la fe en Jesucristo. Una razón por la que el carcelero perdió su sueño de dormir profundamente y de tener una cárcel segura fue para que pudiera tener la oportunidad de profesar una fe en Jesucristo.

Dios convirtió unos sueños rotos en algo mejor: un encuentro con Él mismo. ¿Por qué permite Dios cosas malas? A veces es para poder hacer lo que Él sabe que es mejor, bendiciéndonos con Él mismo.

Un matrimonio destrozado

Como muchas otras mujeres jóvenes, Melanie se casó con muchas esperanzas y grandes sueños; sin embargo, sus sueños de una vida feliz con Jim se resquebrajaron rápidamente, y muy pronto yacían hechos trizas en el polvo de sus lágrimas.

Melanie vio que se encontraba en el sitio donde nunca se imaginó que estaría: la oficina de un abogado pidiendo el divorcio. Herida, enojada, hastiada, destrozada y temerosa, Melanie se sentó frente a un gran escritorio. En el otro lado, el abogado escuchaba con calma su historia de un amor perdido. Cuando terminó, el abogado colocó con calma sus notas en una gran carpeta. Con una confiada sonrisa, el abogado miró a Melanie a los ojos.

"Usted no necesita un divorcio, sino a Jesús".

En el instante en que dijo esas palabras, un cuchillo atravesó su corazón y ella supo que tenía razón. Durante la siguiente media hora, el abogado compartió con ella las buenas noticias de la muerte, entierro y resurrección de Jesucristo por sus pecados. Con lágrimas corriendo por sus mejillas, ella inclinó su cabeza y entregó su vida a Cristo. Su sueño destrozado le llevó a su mayor gozo. Conoció a Jesús.

Pero eso no es todo. Esta historia se pone mejor. Volvió con Jim y le dijo lo que había ocurrido, y Él también entregó su vida a Cristo.

Espera, hay más. Jim y Melanie se integraron en una buena iglesia, y enseguida Jim recibió un llamado para un ministerio cristiano a tiempo completo. El marido borracho y rebelde de Melanie se convirtió en un amoroso hombre de Dios y pastor. Dios usó los sueños rotos de Melanie para llevarle a Dios, y luego le dio más de lo que ella nunca habría esperado.

El glorioso mazazo de un hombre muy orgulloso

A la edad de treinta y ocho años, Chuck Colson pensó arrogantemente que había llegado. Lo tenía todo y no necesitaba a Dios. Como consejero jefe del presidente de los Estados Unidos, ejercía un increíble poder y tenía un ego incomparable. Creyendo que no podrían equivocarse, el "sicario" de Richard Nixon, Colson, entre otros, tramaron un plan para robar secretos al partido de la oposición.

El gran globo de Colson estalló cuando él y sus compinches se vieron envueltos en una terrorífica pesadilla. Diariamente, los medios de comunicación se hacían eco de las escandalosas noticias de deshonestidad y pequeños trucos políticos sucios llevados a cabo por los Siete del Watergate. Atrapado en la fea red del escándalo político del Watergate, su mundo se derrumbó a su alrededor al tener que hacer frente al escarnio público y el ridículo, la pérdida de su elevada posición y un periodo en prisión.

Ese fue el momento de su vida más oscuro e insoportablemente profundo. Sus sueños se destrozaron, su inmenso orgullo se rompió. Se encontraba en el fondo y el único lugar donde mirar era hacia arriba.

Por primera vez en su vida, Colson pensó seriamente en una relación con Dios. Un cristiano preocupado le guió a Cristo. Su fracaso y quebrantamiento señalaron su necesidad. Un día, bien entrada la noche, se quebrantó.

> Estaba llorando con tanta fuerza que era como si nadara por debajo del agua… luego hice mi primera oración de verdad. "Dios, no sé cómo encontrarte, ¡pero lo voy a intentar! No soy gran cosa, pero de algún modo quiero entregarme a ti". No sabía cómo decirlo, así que repetía una y otra vez las palabras: Tómame.[1]

Cuando las noticias de la conversión de Colson al cristianismo se filtraron a la prensa en 1973, el *Boston Globe* informó: "Si el Sr. Colson se puede arrepentir de sus pecados, entonces tiene que haber esperanza para todos".

Colson estaba de acuerdo. Admitió que era culpable de "trucos políticos sucios" y que estuvo dispuesto a hacer a ciegas casi cualquier cosa por la causa de su presidente y su partido. Colson entregó una declaración de culpabilidad ante los cargos relacionados con el Watergate. Entró en prisión como un cristiano recién convertido y como primer miembro de la administración de Nixon en ser encarcelado por cargos relacionados con el Watergate. Cumplió siete meses de una sentencia de entre uno a tres años.

Poco después de que Colson fuera sentenciado a prisión, escribió su testimonio de cómo acudió a Dios en el libro éxito de ventas *Born Again*. Tras su liberación de la cárcel, fundó Prison Fellowship Ministries para ayudar a suplir las necesidades de hombres como los que había conocido en prisión.

Colson experimentó un gran dolor y una gran tristeza que finalmente le llevaron a un bien mayor para muchos, muchos otros. Lo mejor de todo es que su dolor le llevó a Dios.

La historia de Susan

Comenzó por la mañana al término de mi defensa de la tesis de mi maestría, al despertarme con una violenta migraña, un trastorno estomacal y un resfriado… Nunca se me terminó de pasar, y durante los siguientes ocho meses, mi frustración creció durante mi batalla con la enfermedad crónica y la fatiga. Tenía algunos días buenos, pero la mayoría de ellos me sentía agotada. Parecía que tenía una gripe continua, y mi peso se desplomó de 65 a 46 kilos. No mucho después, me diagnosticaron síndrome de fatiga crónica (CFS), que es básicamente una fatiga permanente y un sistema inmunológico disminuido…

Cuando no podía trabajar bien, mi autoestima caía en picado y me deprimía. Mis relaciones se deterioraron debido a que estaba demasiado cansada para hacer nada y demasiado enojada para estar con gente (especialmente la gente que tenía la energía para llevar una vida productiva). No podía funcionar al nivel que estaba acostumbrada, y en mi mente, si no podía hacerlo, no quería vivir.

Como resultado, mi corazón comenzó a oscurecerse, y mi espíritu clamaba a Dios: ¿POR QUÉ? ¿Por qué estaba sufriendo ese tormento? Si Dios me había abandonado para morir, que me dejara morir, pero si su intención era que viviera, entonces que me sanara a fin de que pudiera funcionar como una persona normal.

Por primera vez en mi vida, no era capaz de controlar mis circunstancias; y al llegar al final de mi propia fuerza, mi única esperanza era mirar fuera de mí misma para encontrar ayuda (algo o alguien que fuera mucho más grande que yo).

El autor y erudito C.S. Lewis dice que el dolor es el "megáfono de Dios para despertar a un mundo sordo". Es verdad. Yo nunca había buscado mucho a Dios cuando tenía salud, éxito, ocupación... capacidad. Sabía que Él estaba ahí, pero sólo cuando me vi desprovista de todos mis recursos fue cuando realmente comencé a buscar a Dios y a clamar a Él desde lo más profundo de mi corazón.[2]

Sueños rotos: La entrada al mejor sueño, Dios.

Como consejero, Larry Crabb ha empleado toda una vida dando dirección a buenas personas para intentar darle sentido a sus sueños rotos. Como hombre, Larry ha tenido que luchar con el quebranto que se produce con la pérdida de un hermano en un accidente de avión, ha tenido que lidiar con el cáncer, y tener una nieta con una infección mortal. A través de sus experiencias, ha aprendido algunas verdades profundas sobre los sueños rotos.

Nuestros sueños rotos nunca son aleatorios. Siempre son una pieza de un rompecabezas más grande, un capítulo en una larga historia... un kilómetro necesario en el largo viaje del gozo...
El sufrimiento de los sueños rotos no debemos verlo como algo que aliviar si podemos o que soportar si debemos. Es una oportunidad que hemos de recibir, una oportunidad para descubrir nuestro deseo de una bendición más alta que Dios quiere darnos, un encuentro con Él mismo.[3]

En otras palabras, una de las principales razones por las que Dios permite el sufrimiento en nuestras vidas es para bendecirnos con la mayor bendición que puede darnos: más de sí mismo. Dios permite que nuestros sueños se rompan para poder guiarnos a nuestro último sueño: una experiencia de Él mismo más profunda, más alta, más exhaustiva y más generalizada. Crabb dice: "Sólo cuando le deseamos a Él como a ninguna otra cosa se desarrolla en nuestro corazón un espacio lo suficientemente grande para que Él lo llene".[4]

Según Crabb, nuestros sueños rotos son el camino inesperado de

Dios hacia el gozo, y la escuela donde somos forzados a dejar a un lado todos los sueños salvo el de conocer verdaderamente a Dios. Es entonces cuando experimentamos la presencia de Dios moviéndose a través de cada detalle de nuestra vida, tanto los buenos como los malos.

¿Por qué?

Entonces, ¿por qué parece que Dios no hace nada y permite que sus hijos sufran? Porque es en la profundidad del dolor cuando finalmente miramos hacia arriba y vemos… a Dios.

Quizá estás roto por la tristeza; quizá estás sufriendo un tremendo dolor. Si tienes que permitir algo, permite que tu quebrantamiento te lleve a Dios. Haz lo que hicieron Melanie, o el carcelero filipense, o Chuck Colson. Cree en el Señor Jesucristo y sé salvo. Clama a Dios, y pídele que tome tu vida.

Si ya conoces a Dios, quizá la razón por la que estás sufriendo es para llevarte a una mayor profundidad en tu conciencia, apreciación y experiencia con Dios. Usa tus sueños rotos para acercarte más que nunca a Él.

Notas

1. Charles W. Colson, *Born Again* (Old Tappan, NJ: Revell, 1976), pp. 116-17, énfasis del autor.
2. Susan Martinuk, "Why Me, God?" http://www.christianwomentoday.com/growth/susanmart.html (acceso obtenido 11 noviembre 2006).
3. Larry Crabb, *Shattered Dreams: God's Unexpected Pathway to Joy* (Colorado Springs: WaterBrook, 2001), p. 4.
4. Ibid., p. 121.

11

Para estirarnos para un mayor crecimiento

ROMANOS 5:3-4

¿Estás sufriendo? ¿Parece que la aflicción viene en oleadas que no se van? ¿Sientes que llegan hacia ti desde todas las direcciones? No pierdas la esperanza; no estás solo, y no eres el primero.

Un cristiano comprometido llamado Pablo soportó su propia lista mareante de adversidades. De hecho, sus aflicciones eran tan numerosas que a sí mismo se veía posiblemente como el campeón indiscutible del dolor. Lee su testimonio despacio, imaginándote cuánto le debieron de herir esas cosas.

> ¿Son servidores de Cristo? ¡Qué locura! Yo lo soy más que ellos. He trabajado más arduamente, he sido encarcelado más veces, he recibido los azotes más severos, he estado en peligro de muerte repetidas veces. Cinco veces recibí de los judíos los treinta y nueve azotes. Tres veces me golpearon con varas, una vez me apedrearon, tres veces naufragué, y pasé un día y una noche como náufrago en alta mar. Mi vida ha sido un continuo ir y venir de un sitio a otro; en peligros de ríos, peligros de bandidos, peligros de parte de mis compatriotas, peligros a manos de los gentiles, peligros en la ciudad, peligros en el campo, peligros en el mar y peligros de parte de falsos hermanos. He pasado muchos trabajos y fatigas, y muchas veces me he quedado sin dormir; he sufrido hambre y sed, y muchas veces me he quedado en ayunas; he sufrido frío y desnudez.
>
> 2 CORINTIOS 11:23-27

¿Por qué permitió Dios que un hombre tan bueno sufriera tantas cosas malas? En cartas a sus amigos, Pablo describe varios beneficios de sufrir que discutiremos en capítulos sucesivos. Una razón que destaca notablemente es su terca insistencia en que, en las manos de Dios, lo malo es bueno para nosotros *porque* nos ayuda a crecer. De hecho, es tan bueno, ¡que Pablo dijo que incluso se alegraba cuando estaba rodeado de problemas!

> *Y no sólo en esto, sino también en nuestros sufrimientos, porque sabemos que el sufrimiento produce perseverancia; la perseverancia, entereza de carácter; la entereza de carácter, esperanza. Y esta esperanza no nos defrauda, porque Dios ha derramado su amor en nuestro corazón por el Espíritu Santo que nos ha dado.*
> ROMANOS 5:3-5

Mira los beneficios: "perseverancia", "entereza de carácter" y "esperanza". Estas tres cosas se añaden a nuestro crecimiento espiritual personal.

¿Por qué suceden cosas malas a personas buenas? Porque, en las manos de Dios, el dolor puede ayudarnos a crecer y forjar nuestro carácter.

"De qué estamos hechos"

Era domingo por la mañana, y Donald, un jovencito de trece años, se estaba vistiendo para ir a la reunión junto con su padre y sus hermanos. Su madre llegaría a casa del hospital en cualquier momento tras recuperarse de una cirugía que le habían practicado con éxito.

Sintiéndose bien y contento con la vida, Donald se metió un chocolate en su boca. Después sonó el teléfono, y Donald oyó a su tía decirle a su padre que el hospital quería que fueran inmediatamente. De algún modo, Donald supo lo que eso significaba: su madre había muerto (más tarde supo que fue de una embolia).

Sintiéndose mal, se apresuró a una ventana abierta, levantó la cortina y dejó caer al suelo el chocolate de su boca. De repente, su mundo se le vino abajo.[1]

Tras volver a casa del hospital y enfrentarse al hecho de que su madre se había ido, Donald se reunió con su padre y sus hermanos en el salón.

Mientras estábamos allí de pie abrazados, llorando desconsoladamente, mi hermano mayor, por ese entonces en la universidad, dijo: "¡Ahora veremos de lo que estamos hechos!" Hasta este día, esas palabras resuenan como algunas de las palabras más importantes que jamás haya oído. Cuando la vida se desmorona, tenemos una oportunidad única para descubrir nuestras cualidades internas, nuestros verdaderos puntos fuertes, "aquello de lo que estamos hechos", como dijo mi hermano, y para dejarles salir y permitir que crezcan.[2]

Lo que Donald descubrió es que, en las manos de Dios, las dificultades se convierten en reveladores de nuestro carácter y ayuda en nuestro desarrollo. Descubrió que el camino del progreso pasa por el valle del dolor.

Sin dolor, no hay perla

Como sabrás, las perlas son unas de las joyas más bonitas del mundo. Son duras por naturaleza, pero a la vez increíblemente suaves y perfectamente redondeadas. Lo que quizá no sepas es que son producto del dolor. Chuck Swindoll explica:

Por alguna razón desconocida, el caparazón de la ostra se rompe y una sustancia extraña (un grano de arena) llega al interior. Debido a la entrada de ese extraño irritante, todos los recursos de la pequeña y sensible ostra se apresuran al lugar y comienzan a soltar fluidos curativos que de otra manera hubieran permanecido dormidos. Poco a poco el irritante es cubierto y la herida sanada: por una perla.[3]

Una perla perfecta y preciosa es el producto de una herida sanada. Eso es lo que hace que la perla sea tan preciosa. Swindoll observaba que la diminuta joya fue "concebida mediante irritación, nacida de la adversidad, y nutrida por los ajustes".[4] Las perlas solamente pueden ser creadas mediante el sufrimiento. Si no hubiera habido dolor, no habría perla. No es sorprendente que nuestro hogar celestial tenga puertas hechas de perla.

Sin viento, no hay fortaleza

Hace unos meses, Cathy y yo estábamos comprando en una tienda de muebles de una familia amish. Todos los artículos de madera estaban maravillosamente tallados y eran preciosos. Observé que la mayoría de la madera usada era o bien roble o pino. El roble era mi favorito, hasta que miré el precio. El roble era mucho más caro que el pino. ¿Por qué?

Tanto los robles como los pinos pueden alcanzar un gran tamaño; sin embargo, el roble es más deseado para los muebles, pisos y el uso exterior porque el roble es más duro, fuerte y duradero que el pino. Al ser más fuerte, permite que cabezales y tablas para pisos sean de una longitude mayor.

¿Por qué el roble es una madera tan dura? Los robles se distinguen por sus raíces profundas. Esto les permite hacer frente a vientos más fuertes que los pinos, que tienen unas raíces mucho más superficiales. Cuando se aproxima una gran tormenta, los pinos son vulnerables a ser arrancados y caer, especialmente cuando están solos. Sin embargo, las profundas raíces del roble le permiten inclinarse hacia el viento y fortalecerse.

Al profundizar las raíces de nuestras vidas espirituales en Dios y su Palabra, Dios nos capacita para manejar las tormentas de la vida. Cuando resistimos los vientos de la adversidad, sirven para hacernos más fuertes.

Sin desierto, no hay tierra prometida

No hay atajos para el destino: si quieres alcanzar la Tierra Prometida, primero debes pasar por el desierto.[5]

Dios prometió una tierra maravillosa a su pueblo escogido, los esclavos hebreos liberados que escaparon de la tiranía de Egipto y el faraón. Pero no podían simplemente salir de Egipto y entrar en la tierra prometida. No. En cambio, tuvieron que viajar primero a través del duro desierto.

Lo mismo ocurre con nosotros. Dios nos promete ricas bendiciones, como más poder (2 Corintios 12:7-10), santidad más profunda (Hebreos 12:5-11), y más fruto (Juan 15:1-8), pero sólo después de haber pasado por el desierto del sufrimiento. El desierto a menudo es oscuro, normalmente algo que asusta y siempre difícil, pero como dice Tim Hansel: "La única manera de salir es cruzándolo. Se necesita valor, tenacidad, resistencia, paciencia, la inmensa gracia de Dios y tiempo… no hay tal cosa como una elevación sin un descenso".[6]

No sé cuál es el desierto que estás cruzando, pero te animo a continuar, porque la tierra prometida te espera al otro lado.

Sin dolor, no hay aumento

Como una vez destacó el gran levantador de peso Benjamin Franklin: "Sin dolor no hay aumento". Ronald Mehl, un pastor que luchó con el cáncer, escribió estas palabras respecto a los tiempos dolorosos de nuestra vida:

> *Siempre nos dejan con una lista de cosas que recoger y arreglar. Es cuando Dios nos restaura las cosas que perdemos a causa de nuestra negligencia, ignorancia, rebeldía o pecado. Para los cristianos, [los tiempos de dolor] son proposiciones que no tienen desperdicio, pues nos ayudan a ver y reconocer las contraventanas que están sueltas, las placas que faltan y los postes de la verja oxidados de nuestra vida mientras volvemos a Aquel que puede hacer las reparaciones pertinentes.[7]*

No debemos olvidar que Dios está mucho más interesado en nuestro carácter que en nuestra comodidad. Él está dispuesto a permitir que experimentemos dificultades para que nos demos cuenta del desarrollo. Nuestro Padre celestial está dispuesto a dejarnos caer y a que nos magullemos las rodillas unas cuantas veces para que aprendamos a caminar. Él nos dejará que suframos algunos dolores para que podamos obtener aumentos. El pastor, escritor y hombre que superó un cáncer, David Jeremiah, ha escrito:

> *Vivimos en un mundo superficial. Nuestra cultura exalta la ropa, la moda, el maquillaje, la cirugía anti-michelines y los arreglos de nariz. No hay nada malo en ello, pero al final es solo estética. El carácter y la sustancia se moldean en el crisol de la adversidad. Dime quién vive una vida despreocupada y libre de problemas o dificultades o noches oscuras del alma, y te mostraré una persona superficial.[8]*

Sin quebranto, no hay plenitud

> *En el dolor, el fracaso y el quebranto, Dios hace su mejor obra en la vida de las personas.[9]*

Dios tiene una manera increíble de usar el dentado, feo y aplastante quebrantamiento para desarrollar una profunda y hermosa plenitud en las vidas de su pueblo. No soy el más adecuado para explicarlo, pero lo he visto a lo largo y ancho de las páginas de la Escritura y en la vida de personas del siglo XXI. Podríamos comenzar en Génesis con los sueños aparentemente imposibles de Abraham y José, atravesar el desierto con Moisés, visitar a la quebrantada Ana, huir para salvar la vida con David, ser exiliados con Daniel y llorar con Jeremías. Podríamos llorar amargamente con Pedro y que nos golpearan la cara con Pablo. Al lado de María, podríamos ser testigos de la pesadilla de la crucifixión de su hijo Jesús.

Una y otra vez, en cada caso, veríamos la mano hábil del Maestro Artesano usando de algún modo las peores agonías para crear un coraje y carácter sorprendentes. El barro que coopera con el alfarero se convierte en una vasija útil y hermosa.

¿Por qué?

Entonces, ¿por qué permite Dios que sucedan cosas malas a personas buenas? Una razón es que Dios usará lo malo y lo amargo para hacer de nosotros mejores personas.

Notas

1. Donald Morgan, *How to Get It Together When Your World Is Coming Apart* (Grand Rapids: Revell, 1988), p. 14.
2. Ibid., p. 17.
3. Charles Swindoll, *Growing Strong in the Seasons of Life* (Portland, OR: Multnomah, 1983), p. 164.
4. Ibid.
5. Clifton Burke, citado en Tim Hansel, *Through the Wilderness of Loneliness* (Elgin, IL: Cook, 1991), p. 17.
6. Ibid., pp. 17-18.
7. Ron Mehl, *Surprise Endings* (Portland, OR: Multnomah, 1993), p. 60.
8. David Jeremiah, *A Bend in the Road* (Nashville: W, 2000), p. 21.
9. Gordon MacDonald, *Rebuilding Your Broken World* (Nashville: Oliver Nelson, 1988), p. 28.

Para recordarnos que aún no estamos en casa

ROMANOS 8

12

¡Zas!

Me duelen los oídos. Me acaba de colgar el teléfono un conductor de grúas con muy poca ética. Es el mismo hombre que me cobró cuatrocientos dólares más de lo que me prometió, nos gritó a mi mujer y a mí como un maniaco, llevó el camión de mi hijo a su recinto y lo retuvo allí sin autorización, y luego mintió sobre todo lo sucedido. No me gusta nada cuando ocurren estas cosas.

Malos pensamientos estaban empezando a venir a mi mente, ya sabes a lo que me refiero. Primero están los pensamientos del tipo: ¿Cómo puedo hacer saltar por los aires su oficina sin que me *descubran*? Después viene la autocompasión: ¿Por qué me sucede esto a mí? *¿Qué hecho yo para merecer este trato tan injusto y sin escrúpulos?*

Después tuve un pensamiento profundo: *Dave, estás escribiendo un libro llamado* 21 Razones por las que suceden cosas malas a personas buenas. *¿Cuál de las veintiuna razones podría ser esta?*

Pensé en casi una docena de posibles, positivos y probables beneficios de ese lío, pero el que mejor encajaba en esa situación era que las cosas malas siempre nos recuerdan que aún no estamos en casa.

Recientemente tuve el gozo de investigar y escribir un libro sobre el cielo. Una de las muchas razones por las que el cielo es tan celestial es porque no habrá enfados, injusticia, egoísmo en los precios, falta de honestidad, frustración o necesidad de grúas en el cielo. ¡Amén!

Cometemos un grave error cuando esperamos que la tierra sea perfecta y cuando pensamos en la tierra como en nuestro hogar. Ni una cosa ni otra son ciertas. La vida en la tierra es irritante, exasperante, injusta, dolorosa y confusa.

La tierra es un lío muy confuso; el cielo es perfecto. La tierra no es nuestro destino final, sino el cielo. Aún no estamos en casa.

La vida en el planeta maldito

Cuando se creó, la tierra era un paraíso exuberante, glorioso y tropical. Toda la creación (plantas, animales y seres humanos) existían en una perfecta armonía bajo el gobierno de Dios. Pero debido a la desobediencia de Adán y Eva, el planeta tierra recibió una maldición, y desde entonces ha estado gimiendo.

> *Al hombre le dijo: «Por cuanto le hiciste caso a tu mujer, y comiste del árbol del que te prohibí comer, ¡maldita será la tierra por tu culpa! Con penosos trabajos comerás de ella todos los días de tu vida. La tierra te producirá cardos y espinas, y comerás hierbas silvestres. Te ganarás el pan con el sudor de tu frente, hasta que vuelvas a la misma tierra de la cual fuiste sacado. Porque polvo eres, y al polvo volverás.»*
> GÉNESIS 3:17-19

En ese momento, una oscura sombra cubrió nuestro planeta. Espinos y otras malas hierbas comenzaron a crecer (Génesis 3:18), nacieron los virus, surgieron las plagas, los mosquitos se convirtieron en chupasangres, las serpientes se volvieron venenosas, así como algunos tipos de hiedras. La mesa estaba lista para que se originasen tormentas asesinas, huracanes, tornados, terremotos y sequías.

Desde ese fatídico día en el huerto de Edén, la creación ha estado gimiendo bajo la maldición mientras espera la llegada del día de la redención. Pablo escribe:

> *De hecho, considero que en nada se comparan los sufrimientos actuales con la gloria que habrá de revelarse en nosotros. La creación aguarda con ansiedad la revelación de los hijos de Dios, porque fue sometida a la*

frustración. Esto no sucedió por su propia voluntad, sino por la del que
así lo dispuso. Pero queda la firme esperanza de que la creación misma
ha de ser liberada de la corrupción que la esclaviza, para así alcanzar la
gloriosa libertad de los hijos de Dios.
Sabemos que toda la creación todavía gime a una, como si tuviera
dolores de parto.
ROMANOS 8:18-22

Observa algunas de las feas descripciones que Pablo escoge para
describir la tierra en ese tiempo: *sufrimientos, sometida, frustración, co-*
rrupción, gime, dolores de parto. Pero se acerca un día mejor, un día más
brillante, el cual será un gran día de *gloria, liberación y gloriosa libertad.*

No te equivoques; las enfermedades, el dolor, los problemas, las
dificultades y la confusión han sido algo común en este planeta desde
la maldición. A veces buscamos razones más profundas y complejas
que den respuesta al porqué vivimos en un planeta que ya no es verdaderamente bueno. Todo en la tierra ahora está manchado, y manchado
por la imperfección. Aunque la tierra no es tan mala como podría ser,
ya no es tan buena como lo fue una vez. Cuando suceden cosas malas,
es un recordatorio de que aún no estamos en casa.

El peor día del cielo es mucho mejor que el mejor día de la tierra

Una de las verdades más reconfortantes que he descubierto al estudiar
sobre el cielo (hay veintiuna verdades increíbles sobre el cielo, por
cierto) es que el peor día del cielo será infinitamente mejor que el mejor día de la tierra.[1] Esto es cierto por muchas razones. Piensa en esta
promesa descriptiva sobre el cielo:

«Él les enjugará toda lágrima de los ojos. Ya no habrá muerte, ni llanto,
ni lamento ni dolor, porque las primeras cosas han dejado de existir.»
APOCALIPSIS 21:4

Al final Dios enjugará toda lágrima, la muerte será erradicada, y ya no habrá más dolor. Una vez cumplido su propósito, el dolor dejará de existir.

No hay pecado en el cielo

En el cielo no habrá pecado ni contaminación como consecuencia de la maldición del pecado. Esto hará que el cielo sea tan…celestial. Hará que sea un hogar increíblemente maravilloso.

En el cielo, el poder transformador de la muerte, sepultura y resurrección de Jesús por nuestros pecados se experimentará en un nivel mucho mayor de lo que ahora podemos comprender. El poder del pecado será aplastado, y su presencia será totalmente raída.

Una definición de pecado es quebrantar la ley. En el cielo nadie pecará quebrantando la ley. En otras palabras, en el cielo no habrá personas malas que creen sufrimiento ni para ellos mismos ni para otros (Apocalipsis 21:8; 22:15). Nadie robará, violará o asesinará. Nadie abusará, molestará, asaltará, atracará o raptará. No será necesario cerrar las puertas, ni habrá sistemas de seguridad o verjas. Las pistolas no serán necesarias, ni tampoco el spray contra asaltos. En el cielo, no encontraremos tribunales, cárceles, prisiones o mazmorras, porque no habrá criminales.

El pecado también se define como una criminalidad moral. Como el pecado estará ausente en el cielo, no habrá sufrimiento causado por la perversión, la suciedad moral o la corrupción. Allí no existirán la pornografía, la prostitución, el tráfico de drogas y el abuso sexual.

Como nuestra naturaleza pecaminosa no irá con nosotros al cielo, no seremos la fuente de nuestro propio sufrimiento. No tendremos que sufrir el dolor de nuestros propios pecados, adicciones, temores, culpabilidades, vergüenzas o lamentos.

No hay maldición en el cielo

Ya no habrá maldición.
APOCALIPSIS 22:3

Igual que el pecado desaparecerá en el cielo, así sus consecuencias estarán totalmente ausentes (Apocalipsis 22:3). La maldición será quitada. Imagínate un mundo sin ningún problema derivado del resultado de los desastres naturales. No existirán inundaciones, tormentas, vendavales, tempestades, tornados, tifones, remolinos, tsunamis, ciclones, torbellinos, chubascos, huracanes, avalanchas, bloqueos causados por la nieve y monzones. La tierra, el aire y el agua serán cosas perfectamente puras. No habrá ni rastro de polución, niebla mezclada con humo, contaminación, desecho tóxico o basura. El cáncer, la hambruna y la sequía desaparecerán para siempre. El entorno será agradablemente perfecto en el cielo, y no habrá congelación ni quemaduras del sol.

En el cielo, los seres humanos, así como los reinos animal y vegetal, vivirán juntos en total armonía. Las serpientes no nos tentarán a pecar ni serán venenosas. Las hiedras venenosas no escocerán, los mosquitos no picarán y los mapaches no se meterán en la basura (no habrá). Las termitas no se comerán tu casa, y las avispas no picarán, ni los perros morderán.

No habrá gérmenes ni virus, y podrás tachar de la lista de posibles fuentes de dolor todo tipo de mal, enfermedad, dolencia, achaque, infección, trastorno y aflicción. En el cielo nadie necesitará un hospital, sanatorio, residencia, centro de rehabilitación o clínica. Tampoco habrá depósito de cadáveres, funerarias o cementerios. El cielo está lleno de vida; por tanto la muerte, el dolor y el luto no existirán (Apocalipsis 21:4).

¿Por qué?

El gozo de la Navidad de 2004 fue aplastado cruelmente por las gigantes olas de un tsunami asesino, conocido por los científicos como el terremoto de Sumatra-Andamán. El devastador desastre natural comenzó como un terremoto bajo el mar que desencadenó una serie de tsunamis mortales que se extendieron a lo largo del océano Índico. Un gran número de personas murieron y comunidades costeras de todo el sur del sureste de Asia, incluyendo partes de Indonesia, Sri Lanka,

India y Tailandia, se inundaron. La espantosa cifra total arroja más de 180 000 muertos.

La respuesta de Matthew Goh, arquitecto e inventor malasio, a la inmensa devastación fue como la de muchos otros. Él escribió lo siguiente en su página web:

> *Cuando golpeó el tsunami durante las navidades en el año 2004, pensé: ¿Dónde estaba Dios? Me sentía confuso, triste e incluso dudaba de que existiera, o si realmente le preocupaba. ¿Por qué, por qué, porque... es lo que inundaba mi mente.[2]*

Sé que no habrá tsunamis en el cielo. No tendremos que volver a preguntar: "¿Por qué?" nunca más.

El cielo es la respuesta final de Dios al dolor y el sufrimiento

Aunque años, décadas o incluso toda una vida de sufrimiento en la tierra pueden parecer un problema inmenso, realmente es como un minuto comparado con la enorme duración de la eternidad y la vasta gloria del cielo. Junta todo el sufrimiento de las personas del planeta a lo largo de la Historia, y su registro será como el de un pitido en el radar de la dicha eterna. Los malos momentos serán como la nada comparado con los buenos. El dolor se olvidará como consecuencia del placer.

Como él entendió esto mejor que la mayoría, Pablo pudo resistir el sufrimiento mejor que la mayoría, por lo que no es de extrañar que dijera:

> *De hecho, considero que en nada se comparan los sufrimientos actuales con la gloria que habrá de revelarse en nosotros.*
> Romanos 8:18

> *Por tanto, no nos desanimamos. ... Pues los sufrimientos ligeros y efímeros que ahora padecemos producen una gloria eterna que vale*

muchísimo más que todo sufrimiento. Así que no nos fijamos en lo visible sino en lo invisible, ya que lo que se ve es pasajero, mientras que lo que no se ve es eterno.

2 Corintios 4:16-18

Aún no estamos en casa

Se cuenta la familiar historia de una pareja de misioneros ancianos que volvía a casa tras años de fiel servicio en las misiones. Habían servido fielmente, trabajando con diligencia y un gran sacrificio. Cuando regresaron a los Estados Unidos, su barco fue recibido por una gran celebración de "Bienvenidos a casa". Había una banda de música, fotógrafos tomando fotografías, los dignatarios estaban en pie para ofrecer una bienvenida oficial y pancartas con colores vivos ondeaban con la brisa.

El anciano misionero, Henry C. Morrison, sonrió para sí mientras pensaba: *Bueno, parece que no hemos pasado desapercibidos. Esto es mucho más de lo que hubiéramos esperado.*

Pero cuando él y su esposa bajaron del barco, les hicieron a un lado apresuradamente para poder recibir y saludar al verdadero héroe que regresaba: Teodoro Roosevelt, el presidente de los Estados Unidos.

Nadie estaba allí para saludar a la pareja de ancianos. No había pancartas con sus nombres, ni banda que tocara una canción. No había dignatarios, ni una sonrisa amiga, un abrazo o tan siquiera una palabra de bienvenida. Morrison se tragó las lágrimas de su decepción, y dijo tristemente: "Parece que nadie ha venido a recibirnos".

"No te sientas triste", escuchó que le decía el Señor. "Después de todo, aún no estás en casa".[3]

¿Por qué?

Entonces, ¿por qué suceden cosas malas a personas buenas? Una razón es para recordarnos que aún no estamos en casa.

Notas

1. Si te interesa el tema del cielo, puedes leer el libro de Dave Earley: *The 21 Most Amazing Truths About Heaven* (Uhrichsville, OH: Barbour, 2006).

2. Matthew Goh Kok Soon, *Asian Tsunami 2004,* http://www.matthewgoh. com/index.html (28 octubre 2006).

3. R. Kent Hughes, *1001 Great Stories and Quotes* (Wheaton, IL: Tyndale House Publishers, 1998), p. 401.

Para moldearnos más como Jesús

ROMANOS 8:28-29

13

¿Alguna vez has sufrido un dolor tan intenso que no podías expresarlo con palabras? Si es así, ciertamente no estás solo. La mayoría de nosotros hemos estado en ese lugar de dolor donde lo único que nos queda es un gemido interior feo y angustioso que mira a Dios en busca del mínimo atisbo de alivio. Así es la vida en el planeta tierra, y así es la vida en la familia de Dios.

Los cristianos que vivieron en Roma en los primeros años tras la resurrección de Jesús tuvieron que luchar con este tipo de quebrantamiento profundo. Los historiadores nos dicen que, en general, el pueblo miraba a los cristianos con suspicacia, como algo *maléfico* (los que traían el mal). Como no querían abandonar su identidad cristiana y ser absorbidos por la cultura pagana de Roma, ésta les tenía por disidentes que podrían poner en tela de juicio la seguridad que a Roma tanto le había costado obtener. Bajo Claudio, emperador desde el año 41 A.D. al 54 A.D., el senado romano, en un decreto oficial, declaró a los cristianos como rebeldes e instigadores. Como tales, eran considerados tan peligrosos como una invasión de los bárbaros. Como la "paz universal" de Roma había sido establecida por la feroz eficacia de su ejército, Roma estaba dispuesta a mantenerla por cualquier medio que fuera necesario, ya fueran trabajos forzados, el exilio o incluso la ejecución.[1]

Esta era la situación del mundo cuando Pablo escribió su carta a los cristianos de Roma. Un catálogo de su situación incluiría sufrimiento material, aflicción física, tribulación vocacional, abandono familiar y calamidad personal. Podríamos añadir persecución, hambre, personas sin techo, amenazas, puñaladas por la espalda, otros peligros e incluso la muerte.

Estas eran buenas personas, que amaban a Dios, seguían a Jesús y mantenían su fe a pesar de todo. ¿Por qué permitía un buen Dios que semejantes cosas malas les sucedieran a personas buenas? La respuesta se encuentra en un pasaje familiar y en una verdad ignorada.

Un pasaje familiar, una verdad ignorada

Ahora bien, sabemos que Dios dispone todas las cosas para el bien de quienes lo aman, los que han sido llamados de acuerdo con su propósito.
ROMANOS 8:28

La mayoría de nosotros conocemos Romanos 8:28 de memoria. Es una de las promesas más edificantes que se hayan hecho jamás. El Dios Todopoderoso del universo le asegura a su pueblo que, independientemente de lo que pueda ocurrir, Él hace que todas las cosas actúen para nuestro bien y para su gloria. Saber y conocer esto capacita a los cristianos a vivir como "súper vencedores" (Romanos 8:37, paráfrasis mía). Nos ata irrevocablemente al amor de Cristo a pesar de lo que afrontemos. Ninguna gran cantidad de problemas, pruebas o tribulaciones; ninguna gran cantidad de tiempos difíciles, hambre, no tener hogar, dureza u odio; ningún tipo de dolor, presión o problema es suficientemente fuerte para separarnos del amor de Dios. Nada es demasiado complejo, abrumador, penetrante o poderoso para impedir que Dios lo use para bien. Dios hace que todas las cosas obren para el bien de los que son llamados conforme a su propósito. ¡Impresionante!

Por tanto, la pregunta que debemos responder cuando sufrimos es: "¿Cuál es el propósito de Dios?" Afortunadamente, no tenemos que intentar adivinarlo, ya que la respuesta está en el siguiente versículo:

Porque a los que Dios conoció de antemano, también los predestinó a ser transformados según la imagen de su Hijo.
ROMANOS 8:29

En otras palabras, Dios ha sabido lo que hace todo el tiempo.

Desde el comienzo, decidió moldear el carácter de los que le aman para que se parezca al carácter de su Hijo. Dios sabe exactamente lo que hace, y usa todas las circunstancias en las vidas de su pueblo, incluyendo las malas, para hacernos más parecidos a Jesús.

Como ya he descrito antes, el apóstol Pablo era un veterano del sufrimiento. El dolor físico, la angustia emocional y el tormento emocional no eran algo desconocido para él. Aunque aprendió muchos beneficios de la adversidad, uno de los más grandes fue que el sufrimiento era una herramienta común para moldear en las manos del Maestro.

El Maestro escultor

Debes entender que no fue siempre una obra maestra. Al principio tan sólo era un gran bloque de piedra. Finalmente, un escultor llamado Agostino, fue contratado para convertirlo en una estatua del héroe del Antiguo Testamento, David. Comenzó los trabajos preliminares de moldear las piernas, pies y tronco de la figura; sin embargo, se desanimó y abandonó su trabajo. Después, se le encargó a un hombre llamado Antonio continuar el trabajo que Agostino abandonó. Sin embargo, hizo una chapuza y pronto terminó. El gran bloque de mármol toscano se veía peor que nunca mientras permaneció olvidado y abandonado durante veinticinco años.

"El gigante", como se le llamó groseramente a la gigante piedra olvidada, yacía expuesta a los elementos entre las malas hierbas del exterior del taller de la catedral. Pero un joven artista llamado Miguel Ángel vio un potencial en ella que nadie más vio, y suplicó poder trabajar en ella. Al recibir el encargo, pasó los tres años siguientes martilleando y cincelando la gigantesca piedra de mármol.

Para Miguel Ángel, la escultura era el arte de "hacer hombres". Su visión de la escultura era quitar los trozos de piedra innecesarios para liberar el cuerpo humano que estaba encastrado en la fría piedra.[2]

Hoy día, su obra de arte, el *David,* es la estatua más reconocida de la historia del arte. La sensacional estatua refleja al joven David, en el momento en que decidió ir y luchar contra Goliat. Debido a la magistral combinación de tamaño, forma, elegancia, poderío y moción, el *David* se ha convertido en todo un símbolo tanto de fuerza como de la juvenil belleza humana. La estatua de mármol de más de cinco metros es tan alta como un autobús de dos pisos y pesa seis toneladas. La ven millones de visitantes cada año en Florencia.

Piedra convertida en obra de arte. Fueron necesarios tres años de atinados golpes de un maestro decidido y experto para que la piedra tomara la forma de un hombre. De forma similar, es necesaria toda una vida de soportar el martillo y el cincel de Dios para que pueda moldearnos a la imagen de su Hijo. La aflicción a menudo es dolorosa y frecuentemente nos acarrea confusión, pero es el camino del Maestro.

> *Siendo fantástico; si el trozo de piedra del que Miguel Ángel estaba martilleando y cincelando su David hubiera podido hablar, sin duda alguna hubiera dicho que no sabía qué forma tendría al final; sólo sabía que lo que estaba ocurriendo era doloroso. Y siendo realistas, eso es a menudo lo único que podemos decir cuando Dios está usando penas y dolores para esculpir nuestra alma.[3]*

Se cuenta la historia de un joven que le preguntó a su maestro escultor cómo sabía qué partes de piedra debía cincelar. El artista respondió: "Quito todo lo que no se parece a David".

¿Qué cincela Dios de nuestras vidas a través del sufrimiento? La respuesta corta es que a través de nuestras dificultades cincela todo lo que nos impide ser como Jesús. ¿Qué características nos impiden ser más como Cristo? Podrían ser egocentrismo, egoísmo, autojustificación, autosuficiencia y autocompasión. También hay orgullo, arrogancia, lujuria, envidia, celos, avaricia, falta de sensibilidad, rudeza, crueldad, apatía y pereza. Podríamos añadir deshonestidad, engaño, rebeldía, idolatría, inmoralidad, ignorancia, amargura, resentimiento, duda y temor. Dejo algunos fuera, pero creo que entiendes la idea. El objetivo de Dios es que seamos más como Cristo.

El Maestro alfarero

Ésta es la palabra del Señor, que vino a Jeremías: «Baja ahora mismo a la casa del alfarero, y allí te comunicaré mi mensaje.» Entonces bajé a la casa del alfarero, y lo encontré trabajando en el torno. Pero la vasija que estaba modelando se le deshizo en las manos; así que volvió a hacer otra vasija, hasta que le pareció que le había quedado bien.

En ese momento la palabra del Señor vino a mí, y me dijo: «Pueblo de Israel, ¿acaso no puedo hacer con ustedes lo mismo que hace este alfarero con el barro? —afirma el Señor—. Ustedes, pueblo de Israel, son en mis manos como el barro en las manos del alfarero.

JEREMÍAS 18:1-6

Me gusta mucho el arte. Recuerdo una vez cuando mis maestros de arte trajeron un torno de alfarero a clase. Era una rueda grande, redonda y plana que giraba sobre un eje, propulsado por un pequeño motor. Si cierro mis ojos, puedo oler el barro fresco. Siento el barro mojado, blando, suave en mis manos. En la memoria, veo cómo el barro feo y deforme poco a poco va tomando forma cuando lo moldeo en el torno. Lo siento girando entre mis manos, subiendo despacio al presionar sobre él.

El barro tiene bultos, y estos bultos no desaparecen por sí solos, sino que las manos del alfarero tienen que trabajar en ellos, lo cual lleva tiempo. Cuantos más bultos deje el alfarero, menos valor tendrá la vasija y mayores serán las probabilidades de que se rompa o incluso estalle cuando se meta en el horno.

El barro espiritual tiene bultos. Esos bultos no se quitan solos, sino que las manos del Alfarero tienen que trabajar en ellos, lo cual lleva tiempo. Cuantos más bultos deje el Alfarero, menos hermosos somos y mayores son las probabilidades de que nos rompamos, o incluso que reventemos, cuando suframos el calor de la intensidad de la aflicción extrema.

Después de que el alfarero haya trabajado el barro, lo calienta colocándolo en un horno muy caliente. El calor convierte el barro blando en una vasija útil y fuerte.

El Alfarero trabaja con amor en nosotros con sus manos mientras damos vueltas en el torno de la vida. También nos calienta en el horno de la aflicción, y así, nos hace fuertes y hermosos. Así nos hace como su Hijo.

> *Cuando en la providencia de Dios los creyentes son expuestos a las presiones de estar aislados, oprimidos, tentados, humillados, decepcionados y heridos, el propósito divino es que esas cosas avancen nuestra transformación para parecernos a nuestro Salvador.*[4]

Dios brillaba por todo su rostro

La tía Florence conocía el dolor y la restricción. También irradiaba lo que significa ser transformada a la imagen de Jesucristo. Ahora ella está en el cielo, pero hace unos años la describí con estas palabras:

> *Ahí se sentaba, día tras día, pequeña y arrugada, prisionera de su silla de ruedas. Sus extremidades estaban atrofiadas y torcidas, sus articulaciones nudosas y atadas como consecuencia de la severa artritis reumática. Le habían quitado el gozo y las libertades de la vida cotidiana. Ya no podía caminar por el campo, era incapaz ya de agacharse y alzar a su nieto. Ya no podía cocinar para su familia, ni tan siquiera podía levantarse y limpiar su casa de labranza.*
>
> *Sin embargo Dios brillaba por todo su rostro.*
>
> *Aunque estaba en un continuo dolor, era difícil imaginarlo por la gran sonrisa de su rostro. Si las frustraciones de estar atada a su silla o la cama le incomodaban, nunca se quejaba. Su corazón no estaba lleno de autocompasión ni tenía un semblante de tristeza. El resentimiento no tenía cabida en su corazón; en cambio, ella brillaba con una profundidad de gozo muy atractiva.*
>
> *Literalmente brillaba cuando me hablaba de los maravillosos predicadores que veía en la televisión. Me llenaba de preguntas sobre la iglesia que nació en nuestro sótano. Cuando me contó que oraba por mí, supe que lo decía en serio, y que ciertamente lo había hecho. Su Biblia tenía*

ese maravilloso aspecto de estar desgastada por el uso. Sus ojos azules claros brillaban con el profundo calor de alguien que sabe un secreto.

Dios le concedió el deseo de su corazón. Sus cuatro hijos crecieron siendo cristianos comprometidos. Su hijo se hizo ministro y sus hijas se casaron con pastores. Su marido fue un hombre bueno y honesto, endurecido por tantos años de trabajo duro, pero siempre tierno con ella.

Cuando miro atrás, ahora es muy obvio. La tía Florence tenía el Factor Emmanuel. Su relación con Dios transformó la prisión de su silla de ruedas en un dulce santuario de soledad. A pesar de, y en medio de su sufrimiento, el maravilloso resplandor dorado de Dios brillaba por todo su rostro y su vida.[5]

Dios usó su sufrimiento para moldear su carácter y transformar su vida. Mientras ella disfrutaba de la presencia de Él, la gloria de su Hijo emanaba de su vida.

¿Por qué?

¿Por qué un buen Dios permite que sus hijos experimenten cosas malas? Uno de sus principales propósitos para el dolor es moldearnos a imagen de su Hijo.

Notas

1. Teresio Bosco, "Persecuciones de los cristianos", http://www.catacombe. roma.it/en/ricerche/ricerca2.html (acceso obtenido 17 noviembre 2006).

2. Floria Parmiani, "El David de Miguel Ángel", http://www.floria-publications. com/italy/italian_culture/michelangelo_david.html (17 noviembre 2006).

3. J. I. Packer, "Formado en el desierto", en *The Desert Experience: Personal Reflections on Finding God's Presence and Promise in Hard Times* (Nashville: Nelson, 2001), pp. 112-13.

4. Ibid., pp. 111-12.

5. Dave Earley, *Living in His Presence: The Immanuel Factor* (Minneapolis: Bethany House, 2005), pp. 41-42.

14

Para recordarnos que somos el cuerpo de Cristo
1 CORINTIOS 12:12-14

El 9 de enero de 2004, mi buena amiga Joan Angus y su familia sufrieron una horrible pesadilla. Joan salía con su minivan del aparcamiento del supermercado cuando su vehículo fue golpeado por un tráiler que iba a sesenta kilómetros por hora. Joan fue golpeada por el pesado camión, y aunque Joan no se acuerda, una enfermera que pasaba por allí abrió sus vías respiratorias para que pudiera respirar.

Me llevaron... al hospital Gran Medical Center. Tenía la cadera y la pelvis rotas. Sufría una hemorragia interna, así que tuvieron que extirparme el bazo. Me pusieron en tracción hasta que me estabilizara lo suficiente para que pudieran operarme de la cadera y la pelvis. Unos días después me operaron. Mi cadera tiene una placa que parece una cadena aplastada atornillada al hueso. Tiene al menos veinticinco centímetros de larga, y tengo otra más pequeña en la pelvis.

Joan también tuvo una fractura cerebral y una lesión cerebral traumática, o TBI. Debido al TBI, no podía tragar bien, así que le pusieron un tubo directamente hasta su estómago para impedir la aspiración (que la comida, líquidos o la medicación fuera a sus pulmones). Joan aún tiene algunos síntomas causados por el TBI.

No se acuerda de nada entre el día del accidente hasta mitad de febrero. Cuando Joan fue aceptada en el programa de rehabilitación Grant, recibía dos veces al día terapia física, ocupacional, recreativa y del habla. En total, pasó sesenta y tres días en el hospital.

Hace casi tres años. Estoy todo lo sana que podría llegar a estar. Así me basta. Todavía tengo un poco adormecido mi lado derecho. Sé que nunca volveré a ser la misma. Me hace mirar al cielo incluso más que antes. Voy a correr y saltar con Jesús (cosa que ya no puedo hacer en la tierra), y a darle gracias por todo lo que ha hecho por mí. ¡Me cuesta aguantarme!

Nunca olvidaré ir al hospital la noche del accidente de Joan. Cuando llegué, ya había unas dos docenas de miembros de nuestra iglesia en la puerta de Joan orando y hablando en grupos pequeños. Las hijas adolescentes de Joan, Bethany y Jessica, recibían continuamente los abrazos y el ánimo de todos. Temíamos que Joan no sobreviviera al accidente con el camión, y nuestro corazón se dolía grandemente por su aturdida familia.

Cuando finalmente me permitieron verla, no podía recordar haber visto a un ser humano parecer tan poco humano. Sangre, hinchazón, vendas, tubos y máquinas combinadas para crear la macabra escena. Al recordar esa noche e intentar escribir este capítulo, es imposible contener las lágrimas. Como pastor he visto muchas personas en las unidades de cuidados intensivos, pero Joan fue probablemente la peor. No veía cómo ella podría sobrevivir a todo eso, y si lo hacía, estaba seguro de que sus discapacidades se encargarían de que nunca volviera a tener una buena calidad de vida.

Con el paso de los años, vimos a Dios hacer muchas cosas increíbles por Joan y su familia. Pude usarlos como ilustraciones de muchos de los principios tratados en este libro. Su callado esposo Mark, manejó la situación como a muy pocos hombres he visto hacer. Su fe confiada en Dios y tierno cuidado de Joan y las niñas fue de gran ánimo para mí. Él no es alguien a quien le guste hablar en público y nunca lo será, pero sus emails informativos sobre el progreso de Joan fueron verdaderamente algunos de los mejores sermones que yo nunca había experimentado.

Joan se recuperó increíblemente, aunque aún no del todo, pero su aceptación llena de fe de toda la terrible experiencia me dejó abrumado. A menudo me ha contado que estaba contenta de haber sufrido eso sabiendo que a veces suceden cosas malas a personas buenas porque vivimos en un mundo que dejó de ser bueno. Nunca la oí culpar a Dios o preguntar por qué. Seguía manteniendo su maravilloso sentido del humor y luchando.

Pero uno de los beneficios más importantes de las cosas horriblemente malas que les ocurrieron a Joan y su familia no fue para ellos, sino para nosotros. Lo que fue increíblemente malo para ella fue increíblemente bueno para nosotros. El cuerpo de Cristo llegó a ser precisamente eso para la familia Angus.

> *Mi iglesia se comportó como si fuera las manos y los pies de Cristo. Mi familia recibió comida cada día desde enero hasta que mis hijas salieron de la escuela en junio. Limpiaban mi casa cada semana en equipos de mujeres de la iglesia hasta que yo fui capaz de volver a hacerlo. También había dos mujeres que todos los días se sentaban conmigo cuando llegué a casa. No podía estar sola por el problema de tragar, lo cual requería una gran cantidad de voluntariado, pero nunca sentí que a nadie le importara hacer la milla extra.[1]*

El capellán del hospital quedó totalmente abrumado por el número de miembros de la iglesia que fueron al hospital para estar con la familia la noche del accidente de Joan. Otros pacientes y sus familias sentían curiosidad por una iglesia que era tan atenta con las necesidades de un miembro lastimado.

Recuerdo el primer domingo tras el accidente que Mark pudo acudir a la iglesia. La gente le aplaudió. Recuerdo el primer domingo que Joan apareció en silla de ruedas en la iglesia. La gente animaba, gritaba y estaba increíblemente feliz de verla.

Cristianos que habían estado luchando con su fe fueron atraídos de nuevo a Cristo por medio del ejemplo de la familia Angus. Miembros de la iglesia que nunca habían experimentado el gozo de servir a otros desinteresadamente fueron bendecidos al ayudar. Gente abrumada por sus problemas recibió nueva esperanza a través de la valiente lucha de la familia Angus. Yo estaba atravesando una etapa muy oscura en mi vida personal, y cada vez que iba a hablar con Joan, me sentía animado.

Un acontecimiento tan desagradable, feo y dolorosamente malo produjo cosas tremendamente buenas. ¡Gracias a Dios!

La belleza del cuerpo

La descripción más entrañable y preciosa del apóstol Pablo de la iglesia es una metáfora del cuerpo de Cristo. Le fascinaba la potencial unidad del cuerpo de Cristo, diciendo: "De hecho, aunque el cuerpo es uno solo, tiene muchos miembros, y todos los miembros, no obstante ser muchos, forman un solo cuerpo. Así sucede con Cristo" (1 Corintios 12:12).

Le encantaba la diversidad del cuerpo de Cristo, y escribió: "Ahora bien, el cuerpo no consta de un solo miembro sino de muchos" (1 Corintios 12:14). Especialmente se gozaba en el valor de cada miembro:

> *Si el pie dijera: «Como no soy mano, no soy del cuerpo», no por eso dejaría de ser parte del cuerpo. Y si la oreja dijera: «Como no soy ojo, no soy del cuerpo», no por eso dejaría de ser parte del cuerpo. Si todo el cuerpo fuera ojo, ¿qué sería del oído? Si todo el cuerpo fuera oído, ¿qué sería del olfato? En realidad, Dios colocó cada miembro del cuerpo como mejor le pareció. Si todos ellos fueran un solo miembro, ¿qué sería del cuerpo? Lo cierto es que hay muchos miembros, pero el cuerpo es uno solo.*
> 1 Corintios 12:15-20

De todas las gloriosas similitudes entre el cuerpo humano y la iglesia de Jesucristo, Pablo habló sólo de la mutua dependencia de cada miembro del cuerpo de las demás partes.

> *El ojo no puede decirle a la mano: «No te necesito.» Ni puede la cabeza decirles a los pies: «No los necesito.» Al contrario, los miembros del cuerpo que parecen más débiles son indispensables, y a los que nos*

*parecen menos honrosos los tratamos con honra especial. ... Así Dios ha
dispuesto los miembros de nuestro cuerpo, dando mayor honra a los que
menos tenían, a fin de que no haya división en el cuerpo, sino que sus
miembros se preocupen por igual unos por otros. Si uno de los miembros
sufre, los demás comparten su sufrimiento; y si uno de ellos recibe honor,
los demás se alegran con él.*

1 Corintios 12:21-26

El ojo necesita a la mano. La cabeza no puede estar sin los pies.
Cada parte es interdependiente de las demás.

Para resumir la enseñanza de Pablo: (1) Todos somos uno, (2)
todos somos diferentes, (3) todos somos vulnerables, y (4) todos nos
necesitamos unos a otros. En una cultura individualista y de crecien-
te aislamiento, tenemos que recordar que nos necesitamos los unos a
los otros.

Una cosa que salió a la superficie como consecuencia del accidente
de Joan fue que Joan, Mark y las niñas nos necesitaban de formas muy
evidentes, pero a la vez nosotros los necesitábamos a ellos posiblemente
de maneras aún más importantes.

Nos dolíamos con su dolor, nos animábamos cuando ellos progre-
saban, porque somos familia, la familia de Dios y el cuerpo de Cristo.

Afrontarlo solo es mortal

Durante todos mis años como pastor, he visto a muchos creyentes
apartarse de la iglesia cuando los problemas han sacudido sus vidas. Algunos sienten vergüenza, otros son distraídos y algunos se desaniman
fácilmente. La razón por la que no participen en el cuerpo de Cristo
no es tan importante como el que decidan separarse. Se sienten heridos
y deciden quedarse al margen "sólo hasta que sane".

Pero no funciona así. Aislarse cuando hay dolor es exactamente la forma incorrecta de pensar y responder. Como miembros del
cuerpo, debemos estar conectados al cuerpo para sanar del todo.
Permítame explicarlo.

Digamos que tuvieras una sierra que se te escapa de la mano y accidentalmente te cortas un dedo. En ese momento tienes dos opciones: poner el dedo en el bolsillo y esperar a que sane, o correr a un cirujano para que lo vuelva a colocar lo antes posible. ¿Cuál escogerías?

Como sabes, poner el dedo en el bolsillo sería condenarlo a la muerte. La vida del cuerpo fluye de miembro a miembro a través de la sangre. Si un dedo no está conectado a la sangre que da vida a través de la mano, se pondrá negro, se pudrirá y morirá. Sin embargo, si el dedo se vuelve a reconectar, el cuerpo está increíblemente equipado para sanar el miembro herido en un tiempo milagrosamente corto.

Sanidad en compañía de amigos

Según la Dra. Nancy Burkhart, numerosos estudios médicos y psicológicos muestran el poder sanador de pasar el sufrimiento en compañía de otros.

> *Shearn y otros (1985) llevaron a cabo un estudio aleatorio de hombres y mujeres con artritis reumática y descubrieron que pacientes que participaron en un grupo de apoyo mutuo mostraron una mejora mayor en el dolor de articulaciones que un grupo similar de no participantes. Esto ocurre también en mujeres con cáncer de mama que participaron en un grupo de apoyo semanal. Spiegel y otros (1981) descubrieron que mujeres con metástasis de cáncer de mama que participaron en un grupo de apoyo semanal tuvieron trastornos de ánimo significativamente menores, menos falta de adaptación a las respuestas para manejar la situación, y menos fobias que un grupo de control similar… Los investigadores han informado que tener tan solo un confidente "significativo" puede mejorar la salud y el bienestar general (Brown 1975, y otros, y Broadhead 1983 y otros).*

Los que están en grupos de apoyo mutuo "mostraron un mayor progreso". Un confidente significativo "mejora la salud y el bienestar". Nos necesitamos los unos a los otros. La adversidad a menudo es el recordatorio necesario de que somos el cuerpo de Cristo.

Los primeros cristianos sufrieron unas pruebas increíbles, como el ridículo, las amenazas, la pérdida de propiedades, golpes y encarcelamientos; sin embargo, aguantaron todas esas cosas porque las afrontaron juntos.

Más sanidad en compañía de amigos

Una oscura noche de invierno, una mujer borracha vestida de negro se puso en medio de la autopista delante de la caravana de Russ Robinson, con la intención de suicidarse. Ella vivió, pero su temeraria acción casi mata a Ron.

Sin embargo, él escribió que su conexión con el cuerpo de Cristo a través de los amigos cristianos fue lo que le salvó.

> *Su apoyo en oración me ayudó a comenzar el camino hacia la recuperación emocional…Cuando luchaba con Dios (intentando ver el sentido de la experiencia) la gente me ofrecía ánimo y ayuda. Necesitaba gente que orase conmigo y por mí, y supe que lo que es tener alguien que "llora con los que lloran" (Romanos 12:15). Experimenté cómo el cuerpo de Cristo puede extender una mano personal real a alguien que está sufriendo dolor.[3]*

Puedes sanar de cualquier herida y soportar un inmenso dolor si no intentas afrontarlo tú solo. Necesitas un amigo, necesitas una familia, necesitas un grupo pequeño, necesitas una iglesia.

¿Por qué?

¿Por qué permite Dios el sufrimiento? Una razón es que a menudo enciende a su cuerpo, la iglesia, y la pone en acción y nos recuerda que nos necesitamos unos a otros.

Notas

1. La historia de Joan Angus ha sido usada con permiso.
2. Nancy Burkhart, "El valor de los grupos de apoyo", Texas A&M University, University System Health Science Center, http://www.tambcd.edu/lichen/lifestyles/valuegroups/valuegroups.html (acceso obtenido 28 marzo 2007).
3. Bill Donahue and Russ Robinson, *Building a Church of Small Groups* (Grand Rapids: Zondervan, 2001), p. 39.

15

Para equiparnos para un mayor ministerio
2 Corintios 1:3-4

Mírame como a un compañero de cama en el mismo hospital que, al haber entrado un poco antes, podría darte algún consejo.[1]

El año que cumplí dieciséis años tenía el verano muy bien planeado. Iba a tomar mis cursos de educación vial, obtener mi carnet de conducir y perseguir chicas el resto del verano. Sin embargo, el verano comenzó y me dio un severo dolor de estómago. Iba empeorando cada vez más, y terminé en el hospital para ser operado de apendicitis. Debido a la gravedad del caso, estuve recuperándome en el hospital casi una semana y luego estuve durante varias semanas más sin poder funcionar bien del todo. Aunque no se arruinaron del todo mis planes, sí fue un gran revés.

Como adolescente inmaduro que era, me preguntaba por qué Dios había dejado que eso ocurriera en ese entonces. Varios años más tarde, obtuve la respuesta.

Yo era un pastor joven que visitaba a un miembro de la iglesia en el hospital. Salía de una cirugía, y tras una breve visita, se fue a dormir. La habitación en la que estaba tenía dos camas. En la otra cama, tumbado incómodamente, había un joven de quince años. Me presenté e intenté charlar un poco con él. Él parecía bastante desinteresado. Después le miré a los ojos y le dije:

—Creo que sé por qué estás aquí.

—No, no lo sabe —me respondió, mirándome de forma escéptica.

—Déjame un intento —le dije, a lo cual accedió.

—Te acaban de operar, y creo que ha sido de apendicitis.

—¿Cómo lo sabe? —indagó.

—Fácil —dije—, lo sé por la forma en que estás acostado en la cama. Después me levanté la camiseta para mostrarle la cicatriz de mi apendicitis y la cicatriz de cuando me quitaron el bazo.

—Me operaron y obtuve esta cicatriz cuando tenía dieciséis años y esta otra cuando tenía treinta. —Él estaba impresionado.

—Entonces —dijo él y asintió— sabe cómo me siento.

Desde ese momento, conseguí su atención. Se abrió conmigo y me habló sobre él. Tuvimos una buena conversación, y antes de irme, ya le había guiado a Cristo.

Cuando entré en mi auto para irme del aparcamiento del hospital, me vino este pensamiento: Así que esta era una buena razón por la que tuve apendicitis cuando tenía dieciséis.

El Dios de toda consolación

Considerado por muchos el mayor cristiano de todos, Pablo era un hombre muy bueno que fue el veterano de las pruebas extremas. Perseguido por su fe, pocos han sufrido tanto como él. Sufrió frecuentes encarcelamientos, latigazos, sangrientas palizas, naufragios, traición, falta de sueño, hambre, frió, desnudez y la ardua presión del liderazgo (2 Corintios 11:23-29).

¿Por qué tanta aflicción para un hombre tan bueno y piadoso? Según Pablo, una de las lecciones que aprendió en la escuela del sufrimiento severo fue que la mejor persona para ayudar a alguien que sufre es un sufridor veterano. Observa lo que dijo de algunos de sus amigos.

Alabado sea el Dios y Padre de nuestro Señor Jesucristo, Padre misericordioso y Dios de toda consolación, quien nos consuela en todas nuestras tribulaciones para que con el mismo consuelo que de Dios hemos recibido, también nosotros podamos consolar a todos los que sufren.

2 Corintios 1:3-4

Observa con atención lo que escribió Pablo. Podemos parafrasear sus palabras en tres frases principales.

1. Nuestro Dios es el Padre de la compasión y el Dios de toda consolación.
2. Cuando sufrimos, nuestro Dios nos consuela.
3. Dios nos consuela en nuestro sufrimiento *para que* podamos nosotros consolar a otros en los suyos.

Cuando sufrimos y aprendemos a posicionarnos para recibir el consuelo de Dios en nuestro dolor, obtenemos una clave de incalculable valor que nos capacita para abrir los corazones y ministrarles con más eficacia. En un sentido muy real, el sufrimiento es una educación principal y un título para un ministerio eficaz. Comentando sobre este principio, un pastor escribió:

Cuando una persona domina todo el temario del sufrimiento (cuando ha terminado el curso en prisiones y cadenas, latigazos y azotes, en naufragios y persecuciones), esa persona ha recibido un título de maestría en tribulación y está totalmente preparada para el ministerio de la compasión.[2]

¿Por qué permitió Dios que un buen hombre como Pablo experimentara un sufrimiento tan horrible? ¿Por qué permite Dios que sucedan cosas malas a personas buenas? Una razón es *para que* estemos mejor equipados para ministrar a otros.

Una carga para los adictos

Recientemente, fui el orador invitado en una iglesia de Pennsylvania. Tras el servicio, una mujer llamada Bonnie me contó su historia. Había comenzado a fumar marihuana y a beber alcohol a los diez años de edad. Enseguida pasó a drogas más duras, intravenosas. Durante veinte años estuvo atada a las dolorosas e incesantes cadenas de la drogadicción, la prostitución y la pobreza.

Algunos cristianos comprometidos se acercaron, le sacaron de la cuneta y le pusieron en el camino recto. Le ayudaron a descubrir lo que es la verdadera libertad en Cristo. Limpia durante ocho años, ahora tiene un gran ministerio hacia otros que están rompiendo las cadenas de la adicción.

"Mi carga son los más bajos de los bajos, la inmundicia de la sociedad, los despreciados e indefensos, porque eso es lo que yo era —me dijo—. Quiero ayudarles igual que otros me ayudaron a mí. Después de todo, ¿quién mejor para ayudar a un adicto que otro adicto?" También podríamos decir: ¿quién mejor para ayudar a un sufridor que otro sufridor?

Orando por los pródigos

Probablemente conozcas al evangelista más famoso del mundo: Billy Graham. Lo que probablemente no sabes es que dos de sus cinco hijos fueron vagabundos espirituales que rompieron el corazón de sus padres. La esposa de Billy, Ruth Bell Graham, usó el dolor que experimentó mientras oraba, los veía y esperaba que regresaran al redil, para ministrar a otros escribiendo un libro titulado *Prodigals and Those Who Love Them*.

Los escritos de Ruth vierten un profundo entendimiento de la confusión y el temor de los que esperan que regresen sus hijos pródigos. El poder del libro es el hecho de que ella estaba escribiendo desde su desgarradora experiencia y práctica, no mera teoría. Como había sufrido el dolor de criar a dos hijos pródigos, tenía las credenciales para ministrar a otros que tienen hijos pródigos en sus vidas.

La escuela del desierto del entrenamiento ministerial

A menudo tenemos una visión equivocada de lo que se necesita para ministrar eficazmente a otros. La educación es, sin lugar a dudas, algo útil; el entrenamiento siempre es bueno; los dones son importantes; pero con demasiada frecuencia pasamos por alto el hecho de que es en la soledad del desierto y las dificultades donde Dios nos prepara verdaderamente para ministrar a otros.

Tras disfrutar la emoción de un ministerio de éxito, presentar un programa televisivo muy popular, escribir libros y hablar y cantar ante grandes audiencias, Sheila Walsh fracasó e ingresó en un hospital psiquiátrico. Pensó que entraba sola, pero Jesús entró con ella. Mientras experimentaba profundamente el amor de Dios en su lugar de quebranto, Él la preparaba para un ministerio mucho más eficaz.

Con un profundo entendimiento, escribe: "No se sale del desierto con las manos vacías sino con un bolsillo lleno de regalos que compartir". Uno de los regalos que descubrió en el desierto fue que tenía un ministerio más profundo y extenso que antes. Dice: "Lo sorprendente fue que mi quebranto fue un puente hacia otros mucho más grande de lo que jamás había sido mi aparente normalidad".[3]

Mirando atrás a las cargas y beneficios del quebrantamiento, ella concluye de manera muy sabia diciendo: "Ahora creo que Dios se deleita usando a quienes se les ha roto el corazón y la voluntad en el desierto, quienes entienden que si estuvieran delante del mar Rojo y se abriera, deberían postrarse rostro en tierra y adorar, en lugar de organizar una conferencia de prensa".[4]

"Yo tengo parálisis cerebral; ¿cuál es tu problema?"

Las circunstancias se apilaron cruelmente contra el joven David. Nació con parálisis cerebral, un conjunto de desórdenes neurológicos incurable que afecta permanentemente al movimiento del cuerpo y la coordinación de los músculos. Cuando tenía nueve años, su padre murió. La casa familiar se quemó por completo unos años después. Su madre murió de cáncer cuando él tenía catorce años.

Huérfano y vagando de familia en familia, David no tenía un lugar definitivo al que pudiera llamar hogar. Vivía en una humillación continua, siendo ridiculizado por otros niños. Pero conoció a Cristo cuando era adolescente. A través de Cristo, David triunfó sobre sus tremendas pruebas. En Cristo, descubrió que podía ser un vencedor en lugar de una víctima.

Milagrosamente, Dios le llamó a un ministerio de evangelismo de tiempo completo, y a sus veinte años, David comenzó a realizar casi cincuenta cruzadas de avivamiento al año. En la actualidad, habla a una media de cien mil personas al año de varias formas. Está casado y tiene cuatro hijos.

Le oí hablar por primera vez hace veinte años, y nunca he olvidado su mensaje. Al principio, su lenguaje mal articulado era frustrante y difícil de entender, pero como al resto de la audiencia, rápidamente me cautivó su increíble historia, su actitud positiva y su sentido del humor tan maravilloso y de autodesaprobación. Con mucha destreza, contó su increíble historia de vencer unas circunstancias tan adversas. Después miró a la audiencia y dijo: "Yo tengo parálisis cerebral; ¿cuál es tu problema?"

Todas nuestras excusas para no servir a Dios y todas las quejas acerca de nuestras dificultades palidecieron en comparación con lo que él había soportado y con lo que aún hoy lucha cada día. Su ejemplo de confianza en Cristo para levantarse por encima de sus abrumadores obstáculos fue de gran inspiración para todos nosotros para superar los nuestros.[5]

Un corazón partido en cada banco

"Yo sé lo que es sentarse en un banco con el corazón partido", escribe Ruth Graham, hija del famoso evangelista Billy y su esposa Ruth Bell Graham.[6] Con una ternura genuina y compasión, cuenta su historia en el libro *In Every Pew Sits a Broken Heart.*

> *Mi propia historia no es bonita, ni tampoco simple. Mi historia es fea y complicada, y aún se está escribiendo. He conocido la traición, el divorcio, la depresión y las consecuencias de un mal juicio. He luchado para aconsejar a mis hijos en medio de la crisis de un embarazo, las drogas y un trastorno alimenticio. He conocido lo que es un corazón*

roto, la desesperación, el temor, la vergüenza y un profundo sentimien-
to de incompetencia. Esta no es la clase de vida que yo imaginé. Ni
mucho menos.[7]

Debido a su dolor, Ruth desarrolló un profundo deseo de ayudar a
otros. Con sabiduría que sólo se obtiene en la sala de clase del sufrimiento y el dolor, descubrió un ministerio para ayudar a los que sufren.

Mis propios planes para mi vida se hicieron pedazos muchas veces, pero
no era demasiado tarde para unirme a lo que Dios estaba haciendo.
Sabía que podía servir a otros con compasión… Estuve dispuesta a tocar
a gente herida y rota con la misma gracia que Dios me había mostrado
cuando yo estaba herida y rota.[8]

Sanadores heridos

En *The Wounded Healer,* Henri Nouwen expone que sanamos de nuestras heridas. Hace una pregunta muy profunda:

¿Quién puede quitar el sufrimiento sin entrar en él? La gran ilusión del
liderazgo es creer que otros pueden ser guiados para salir del desierto por
alguien que nunca ha estado allí.[9]

A través de la empatía que se produce tras haber estado en la misma
carretera del sufrimiento que otro, podemos ministrar con más efectivi-
dad que otras personas. Otros pueden ver que realmente entendemos y
sentimos su dolor, estableciendo así una conexión, y desarrollando una
confianza. Entonces puede producirse el verdadero ministerio.

Describiendo el poder de los sanadores heridos, una joven madre
cuya hija murió del síndrome de la muerte súbita compartió:

Es como si la gente que ha perdido a alguien precioso hablara un idioma
diferente. No tengo que explicar las cosas. Hay un claro entendimiento
que consuela mucho.[10]

¿Por qué?

Entonces, ¿por qué permite Dios que sucedan cosas malas a personas buenas? Una razón es que la mejor persona para ayudar a alguien que está sufriendo es alguien que haya sufrido. Permíteme animarte a usar tu dolor para ministrar a otros con más eficacia.

Notas

1. En una carta de C. S. Lewis a Sheldon Vanauken, 22 de abril, 1953, citado en *A Severe Mercy* (reimpreso en San Francisco, HarperSanFrancisco: 1987), p. 134.
2. D. James Kennedy, *Turn It into Gold* (Ann Arbor, MI: Vine, 1991), p. 34.
3. Sheila Walsh, "A Winter's Tale", en *The Desert Experience: Personal Reflections on Finding God's Presence and Promise in Hard Times* (Nashville: Nelson, 2001), p. 181.
4. Ibid., p. 179.
5. La historia completa de David Ring está disponible en su página web, http://www.davidring.org/biography.html (acceso obtenido 28 marzo 2007).
6. Ruth Bell Graham, *In Every Pew Sits a Broken Heart* (Grand Rapids: Zondervan, 2004), p. 12.
7. Ibid., pp. 12-13.
8. Ibid., p. 168.
9. Henri Nouwen, *The Wounded Healer* (New York: Doubleday, 1979), p. 40.
10. Marcia Lattanzi-Licht, "Living with Loss: Bereaved Swim against Tide of Grief", 2001, Partnership for Caring, Inc., distribuído por Knight Ridder/Tribune Information Services, http://itrs.scu.edu/fow/pages/Course/C-14.html (acceso obtenido 28 marzo 2007).

16

Para quitar nuestra autosuficiencia
2 Corintios 12:5-10

Muerte por fuego

Convertido a los dieciocho años, Dwight se lanzó a la obra cristiana pocos años después. Siendo muy enérgico y valiente, la siguiente década se convirtió en un torbellino de progreso espiritual y ministerio eficaz. Su escuela dominical creció como nunca antes hasta alcanzar un tamaño de mil quinientos chicos y chicas, todos de la calle, la mayoría de ellos experimentando una relación con Cristo que cambió sus vidas. Cuando la nación entró en Guerra Civil, Dwight, como líder de la Asociación Cristiana de Hombres Jóvenes, fue a trabajar como evangelista, ganando un gran número de soldados para Cristo. Después comenzó una iglesia en Chicago que creció rápidamente en impacto y tamaño. Consiguió los fondos y supervisó la creación del primer gran edificio multipropósito YMCA en América. También ayudó a desarrollar lecciones de escuela dominical unificadas que pronto se enseñaron en las escuelas dominicales de otros muchos lugares. Durante todo ese tiempo, estuvo hablando por todo el país tres o cuatro días por semana en grandes conferencias e iglesias.

Aparentemente, Dwight era un retrato del poder espiritual; sin embargo, él sabía que toda la actividad era principalmente el resultado de su propia energía y celo. Económicamente se desplomó, emocionalmente se quemó, y espiritualmente entró en bancarrota. Se desanimó en gran manera, y agotado por su rutina ministerial, Dwight comenzó a clamar a Dios en busca de ayuda. En una reunión de oración, incluso se desplomó, rodando por el piso y clamando a Dios por poder

espiritual.[1] Días después, Dwight recibió una respuesta de forma
inesperada. El día 8 de octubre, domingo por la noche, al terminar de
predicar en su iglesia, sonó una alarma de incendio. La sequedad y un
fuerte viento rápidamente propagaron el fuego por toda la ciudad. En
cuestión de minutos, las llamas devoraron grandes sectores de la ciudad. A la mañana siguiente, un quebrantado Dwight evaluó los daños.
Seis kilómetros cuadrados de la ciudad fueron totalmente arrasados,
dieciocho mil edificios destruidos, cien mil personas quedaron sin
hogar y murieron más de mil personas. El nuevo edificio de YMCA
quedó destruido por el fuego, así como la iglesia de Dwight y su
casa. Más adelante permaneció allí con su esposa y sus hijos, mirando
fijamente las cenizas de lo que había sido su hogar. Irónicamente, no se
salvó nada excepto un pequeño horno de juguete. Todo aquello en lo
que había empleado su vida para construirlo se había ido.

No había ninguna póliza de seguro en los edificios, así que no había nada con lo que volver a construir. Dwight tuvo que comenzar una
campaña exhaustiva para levantar fondos a fin de intentar reconstruir.
Lo odiaba, admitiendo: "Mi corazón no estaba por la labor de empezar
a rogar. No podía suplicar. Todo el tiempo mi clamor era que Dios me
llenara de su Espíritu".[2]

Para Dwight, la angustia de su increíble pérdida le llevó a una época agónica de honesta evaluación y dura introspección. El propósito de
la cruz que estaba llevando es siempre una cosa, y es la muerte, muerte
al yo. Dwight confesó:

*Parece que Dios tan sólo me enseñaba a mí mismo. Descubrí que yo era
ambicioso; no estaba predicando por Cristo, sino por mi ambición. Descubrí todo lo que había en mi corazón que no debía estar ahí. Durante cuatro
meses la lucha continuaba dentro de mí. Yo era un hombre desgraciado.[3]*

¿Por qué permitió un buen Dios que esas cosas malas le sucedieran
a un buen hombre y siervo infatigable? A veces Dios permite que el
dolor y el sufrimiento nos desnuden de nuestra autosuficiencia. Es sólo
entonces cuando podemos darnos cuenta de la suficiencia de Él.

Un hombre nuevo

Para Dwight, su increíble pérdida le llevó a un renacimiento de un verdadero poder espiritual y un ministerio verdaderamente eficaz. Después escribió: "Tras cuatro meses llegó la unción". Describiéndola, dijo: "¡Oh, qué día! No puedo describirlo, muy raras veces hago referencia de ello, es casi una experiencia demasiado sagrada como para nombrarla (Pablo tuvo una experiencia de la que nunca habló durante catorce años) y sólo puedo decir que Dios se reveló a mí, y experimenté de tal forma su amor que tuve que decirle que no retirara su mano".[4]

Dwight le explicó su experiencia a su amigo D.W., quien la escribió en su diario.

> Dios le bendijo con la entrada consciente en su alma de una presencia y poder de su Espíritu como nunca antes lo había conocido. Su corazón se quebrantó con ello. Pasó mucho tiempo llorando delante de Dios; así de poderosa fue la sensación de su bondad y amor.[5]

El cambio en Dwight fue profundo. Para describir al nuevo Dwight, uno de sus biógrafos escribió: "La calidad de su relación con Dios y su discernimiento de la diferencia entre el llamado de Dios y el del hombre se agudizó mucho, y su poder en el ministerio aumentó tanto que a veces le parecía no haber hecho nada (mucho menos haber sido útil) hasta este bendito tiempo".[6] Tal es el poder de la vida resucitada.

Un nuevo poder

Poco después de este acontecimiento, Dwight no podía evadirse del sentir de que el Señor quería que pasara algún tiempo en Inglaterra descansando, estudiando y orando sobre su futuro. Así pues, fue e intentó mantenerse en el anonimato; sin embargo, al final le reconocieron y un pastor le pidió que predicara. Estalló un avivamiento en la iglesia, y cuatrocientas personas hicieron una profesión de fe durante los diez días de reuniones improvisadas. Después se enteró de que Marianne Adlard, una niña postrada en cama, literalmente le había traído a Inglaterra con sus oraciones para que fuera una herramienta para el avivamiento en su iglesia. Como resultado, Dwight tuvo la oportunidad de ser la herramienta de avivamiento para muchas otras iglesias de Inglaterra.

Dwight manifestaba el poder de la resurrección en cada asociación. Una década y media antes de convertirse en el presidente de los Estados Unidos, Woodrow Wilson mencionó un encuentro inusual en una barbería cuando describía a Dwight.

> *Fui consciente de que una personalidad había entrado en la sala y se había sentado en la silla que había junto a mí... Tardé en marcharme a propósito de la sala después de que se fue y observé el singular efecto que su visita había causado en los barberos de esa tienda. Hablaban en voz baja. No conocían su nombre, pero sabían que algo había elevado sus pensamientos. Y sentí que abandoné ese lugar como si hubiera salido de una casa de adoración.[7]*

Dwight L. Moody volvió a su casa en Chicago como un hombre nuevo, y como resultado hubo un nuevo ministerio. Se crearon orfanatos, escuelas, oportunidades ministeriales para las mujeres y grandes cruzadas. La mayoría de sus esfuerzos aún viven y prosperan hoy día, 125 años después. Entre ellos se incluyen Moody Press, el instituto Moody Bible Institute y la iglesia Moody Church. Los eruditos calculan que en la era antes de la televisión, Moody predicó el evangelio a más de cien millones de personas, y más de un millón hicieron profesiones de fe en Jesucristo.

¿Por qué un buen Dios permitió que le sucedieran cosas tan malas a un buen hombre y siervo infatigable? El sufrimiento quitó su autosuficiencia y capacitó a Moody para experimentar lo que realmente quería: el poder de la suficiencia de Dios.

La misma canción, segunda estrofa

Dwight no fue la primera persona ni la última que bebió de las aguas profundas de las devastadoras dificultades para descubrir un pozo de vida y poder verdaderos. El apóstol Pablo dio este testimonio:

> *De tal hombre podría hacer alarde; pero de mí no haré alarde sino de mis debilidades. … Para evitar que me volviera presumido por estas sublimes revelaciones, una espina me fue clavada en el cuerpo, es decir, un mensajero de Satanás, para que me atormentara. Tres veces le rogué al Señor que me la quitara; pero él me dijo: «Te basta con mi gracia, pues mi poder se perfecciona en la debilidad.» Por lo tanto, gustosamente haré más bien alarde de mis debilidades, para que permanezca sobre mí el poder de Cristo. Por eso me regocijo en debilidades, insultos, privaciones, persecuciones y dificultades que sufro por Cristo; porque cuando soy débil, entonces soy fuerte.*
>
> 2 CORINTIOS 12:5, 7-10

Pablo era un tipo de alto octanaje. Antes de su encuentro con Cristo, era un respetado erudito, un líder influyente y prometedor del judaísmo, y ciudadano romano también. Tras conocer a Cristo, se convirtió en la voz del cristianismo, un gran fundador de iglesias, un poderoso misionero y un gran ministro. Aparte, sus cartas se consideraron palabras de Dios y se recopilaron como parte de la Biblia. Más aún, recibió unas revelaciones sorprendentes del cielo y el futuro como ningún otro antes que él.

A través de todo esto, Pablo era un erudito en la escuela del sufrimiento severo. Experimentó hambre, soledad, críticas crueles, frecuentes encarcelamientos, palizas, ataques espirituales y más cosas. Sufriendo aprendió muchas lecciones de valor incalculable, incluyendo esta: "Cuando soy débil, soy fuerte". Su dolor y debilidad quitaron su orgullo y autosuficiencia para que pudiera experimentar más plenamente la fortaleza de Dios.

En este pasaje, Pablo menciona una fuente de frustración y

tormento no contemplada en sus otros catálogos de sufrimientos personales: "un aguijón en la carne, un mensajero de Satanás". Durante dos milenios, los eruditos han debatido sobre la naturaleza exacta de este aguijón en la carne. Algunos creen que era físico, en forma de enfermedades crónicas, como un problema en los ojos causado por una forma grave de oftalmía (Gálatas 4:15), dolor de oídos, malaria, migrañas, epilepsia o una incapacidad en el habla. Otros lo ven como una lucha interna en forma de una tentación incesante. Hay algunos que ven el aguijón en la carne como algo de naturaleza humana, causado por las persistentes persecuciones o los constantes críticos cristianos. Algunos ven el aguijón como una carga emocional, como una depresión. Algunos dicen que era un ataque espiritual, un mensajero de Satanás en forma de demonio.

Así pues, ¿quién tiene la razón? ¿Cuál era el aguijón de Pablo?

No lo sabemos.

Yo creo que es algo que no está claro de manera intencional. ¿Por qué? Porque no importa cuál sea tu "aguijón" (físico, emocional, relacional, espiritual, demoníaco o cualquier otra cosa), de cualquier modo puedes aplicar el principio de que la fortaleza de Dios se perfecciona en tu debilidad.

Pablo consideró este aguijón como un obstáculo para un ministerio más extenso o eficaz (Gálatas 4:14-16), y repetidamente le pedía a Dios que se lo quitara (2 Corintios 12:8). El lenguaje de Pablo aquí sugiere que fue probablemente la batalla en oración más intensa que jamás tuvo que pelear.

Sin embargo, Dios dijo no tres veces.

¿Por qué?

Fue a través del continuo tormento del obligado aguijón como Pablo recordaba constantemente la importante lección que cualquiera que desee ser usado por Dios debe aprender: "Bástate mi gracia, porque mi poder se perfecciona en la debilidad".

Cuando estudio las vidas de docenas de siervos de Dios que fueron usados grandemente por Él, hay un denominador común que los une a todos ellos: todos han experimentado un grave sufrimiento. Todos dan testimonio de que sus aguijones fueron usados para desnudar su autosuficiencia y para llevarles a un lugar de dependencia de Dios mucho más profundo.

¿Por qué?

Entonces, ¿por qué permite Dios que sucedan cosas malas a personas buenas? A veces Él quiere quitar nuestra autosuficiencia para que podamos vivir realmente su suficiencia; Él nos recuerda nuestra deplorable debilidad para que confiemos plenamente en su gran fuerza.

Notas

1. Sarah Cooke, *Wayside Sketches* (Grand Rapids: Shaw, 1895), p. 363.
2. D. L. Moody a C. H. McCormick, 15 abril, 1868, archivos del instituto Moody Bible Institute.
3. Lyle W. Dorsett, *A Passion for Souls* (Chicago: Moody, 1997), p. 156.
4. A. P. Fitt, *The Life of D. L. Moody* (Chicago: Moody, n.d.), p. 65.
5. Diario de D. W. Whittle, citado en James F. Findlay Jr., *Dwight L. Moody: American Evangelist, 1837-1899* (Chicago: University of Chicago Press, 1969), p. 132.
6. Dorsett, *Passion for Souls*, p. 159.
7. Woodrow Wilson, citado en John McDowell, *What D. L. Moody Means to Me* (Northfield MA: Northfield Schools, 1937), p. 23.

Para aumentar nuestros esfuerzos evangelísticos
FILIPENSES 1:12-18

17

11 de septiembre de 2001

Mi amigo Sujo John nació en Calcuta, India. Él y su esposa, Mary, llegaron a los Estados Unidos en febrero de 2001. Sólo unos meses después de su llegada, Sujo y Mary consiguieron trabajo en algunas de las oficinas del World Trade Center. Luchando con el llamado de Dios en su vida, Sujo estaba trabajando en el piso ochenta y uno de la torre norte, o torre 1, del World Trade Center el 11 de septiembre de 2001.

Sujo sabía que Dios le estaba llamado a un ministerio más grande, pero no estaba haciendo nada al respecto. Le envió un email a un amigo a las 8:05 de la mañana desde su oficina, diciéndole cómo se sentía. A las 8:45 aproximadamente, oyó una tremenda explosión, y el edificio tembló y se cimbró. La gente comenzó a gritar.

El vuelo 11 de American Airlines, procedente de Boston con destino Los Ángeles con un tanque lleno de combustible, había chocado directamente contra los pisos encima de ellos. Parte de los escombros del avión entraron en las oficinas y las llamas surgieron, consumiéndolo todo. Sujo y sus compañeros de trabajo miraban hacia abajo casi diez pisos como consecuencia del tremendo cráter que se originó en el suelo.

El corazón de Sujo desfalleció. No tenía ni idea de si el avión había golpeado sólo su torre o la segunda torre también (donde trabajaba su esposa). Ella estaba embarazada de cuatro meses.

No puedo ni imaginarme los pensamientos que debieron de haber pasado por su cabeza y el temor que debió acaparar su alma según eran evacuados por las escaleras. Su teléfono celular no funcionaba, así que no pudo contactar con su esposa.

Cuando miró hacia el exterior, contempló una destrucción absoluta. El fuselaje del avión, material combustible, vidrios rotos y cuerpos esparcidos por el suelo. Para Sujo, era como una zona de guerra.

La gente era dirigida a través de diversas salidas del World Trade Center. Sujo decidió caminar hacia la torre 2 esperando poder encontrar allí a su esposa. Al acercarse a la torre 2, oyó una gran explosión, y luego los 110 pisos de la torre 2 se derrumbaron sobre los que estaban a pie del edificio, incluyendo a Sujo.

> *Enormes piedras y acero y cemento se venían abajo a nuestro alrededor. Nos cobijamos en uno de los extremos del edificio, y comencé a orar por la sangre de Jesús y pidiéndole a Dios que nos diera su fuerza. Al mirar a la muerte cara a cara, comencé a tener paz acerca de ese lugar llamado cielo. Les dije a los que estaban conmigo que todos íbamos a morir, y que si había alguno que aún no conocía a Jesús podía clamar a Él. En ese momento, todos a mi alrededor comenzaron a gritar: "¡Jesús!"*

Incluso en medio de una tragedia extrema, Dios estaba llevando a gente a sus pies. A menudo, Dios usa los lugares más inhóspitos y los momentos más inoportunos para entregar el mensaje de las buenas nuevas de Jesús.

La historia de Sujo continúa: Todo el edificio se había derrumbado; sin embargo, ni una sola piedra pesada de los escombros cayó sobre él.

> *Vi que estaba sobre un metro de hollín blanco. Me levanté y estaba rodeado de silencio. Pude ver cuerpos muertos a mi alrededor. Dios me dirigió hacia un hombre en el suelo que tenía una linterna sobre él. Le dije que sólo Jesús podía salvarnos y que teníamos que vivir. [Cuando el hombre] se levantó, vi que en la chaqueta llevaba escrito las letras "FBI". Nos tomamos de las manos y comenzamos a caminar a través de los escombros. Era como una avalancha, causada por todo el cemento y el polvo que se había levantado en la atmósfera.*

El Espíritu Santo después me mostró una luz brillando encima de la ambulancia, así que le dije al hombre del FBI que teníamos que dirigirnos a esa luz que brillaba, ya que la ambulancia estaba en la calle. De algún modo conseguimos llegar a la ambulancia, la cual había sufrido daños graves como consecuencia de los cascotes que saltaban por los aires. Dios mantuvo la luz encima de la ambulancia encendida para mostrarnos el camino. Desde ese momento, fue relativamente fácil para nosotros salir.

En medio de una de las mayores tragedias de la historia de América, Dios estaba allí. Él protegió a Sujo durante cada uno de sus pasos. Él unió a las multitudes que comenzaron a huir corriendo de los rascacielos hacia lugares más seguros. Corrieron y caminaron durante una hora, y el teléfono celular de Sujo seguía sin funcionar. Finalmente, a mediodía sonó. ¡Su esposa estaba viva! Su tren subterráneo llegó a su parada en el World Trade Center justamente cinco minutos después de que se estrellara el primer avión, así que Mary aún no había llegado al trabajo.

Le dijo a Sujo que había visto a gente saltar de los edificios en llamas y que se había puesto histérica, pensando que él pudiera haber muerto. Finalmente, se reunieron en la calle 39 en Manhattan, cerca del ferry.

Miramos atrás y pudimos ver que nuestros edificios ahora eran sólo una gran pila de escombros humeantes y cenizas.

Es imposible explicar el sentimiento de alivio que fluyó por nosotros cuando nos vimos el uno al otro. Los dos habíamos estado muy cerca de creer que nunca más nos volveríamos a ver. Cuando ocurrió la explosión y el edificio se venía abajo a mi alrededor, pasaron por mi mente imágenes de mi esposa, mis padres, mis abuelos y otros seres queridos. El alivio de que estábamos vivos fue casi mayor de lo que podía resistir.

Nuestra historia es casi demasiado buena para ser cierta. A pesar de los 110 pisos de uno de los edificios más altos del mundo cayendo a mi alrededor, no sufrí ni un solo arañazo en mi cuerpo. Para mí esto es una prueba de que Dios no sólo es bueno, sino que conoce el número de nuestros cabellos. Dios nunca se duerme. Este acontecimiento me hizo ver

que Él viene pronto y que es fundamentalmente importante que vivamos
cada día como si Él fuera a regresar ese mismo día.

Sin embargo, me acuerdo de que miles murieron en ese fatal día.
Todos tendremos que irnos algún día. No era nuestro tiempo de irnos ese
día. Está estipulado que todos los hombres mueran algún día. Estamos
aquí para desafiar al mundo con la pregunta: "¿Sabes hacia dónde vas?"[1]

¿Por qué permitió Dios que Sujo experimentara una pesadilla tan
horrible? En primer lugar, le dio la oportunidad de compartir a Jesús
con compañeros que morían y que desesperadamente necesitaban a
Jesús. Además, le mostró a Sujo el poder milagroso de Dios que los
libró tanto a él como a su esposa de la muerte. Pero el resultado más
importante fue que al mirar a la muerte cara a cara y ver a la gente
morir a su alrededor, Sujo reconoció el llamado de Dios sobre su vida.
Recibió una carga inextinguible y una pasión ardiente de ir al mundo
con la pregunta: "¿Sabes hacia dónde vas?"

Inmediatamente después de los trágicos ataques terroristas del 11 de
septiembre de 2001, los medios de información de todo el mundo se in-
teresaron por la poderosa historia de la milagrosa liberación de Sujo. Su
historia se difundió en el *New York Times, Times-London,* CBC, *National
Post,* BBC, "El especial sobre Billy Graham de El Club 700" y TBN.
Se le presentaron oportunidades para hablar en toda Norteamérica.
Como consecuencia de haber sufrido los horrores del 11 de septiembre
de 2001, Sujo John se dedicó de tiempo completo a un evangelismo de
proclamación que le ha llevado a más de cuatrocientas ciudades de América del Norte, Asia y Europa, y ha resultado en la salvación de miles.

¿Por qué suceden cosas malas a personas buenas? A veces es
para expandir el reino de Dios creando mayores oportunidades
evangelísticas.

El avivamiento de la cárcel

El apóstol Pablo fue encarcelado en Roma por su fe. Esperando su posible ejecución, escribió una carta a sus amigos de una iglesia de Grecia.

Hermanos, quiero que sepan que, en realidad, lo que me ha pasado ha contribuido al avance del evangelio. Es más, se ha hecho evidente a toda la guardia del palacio y a todos los demás que estoy encadenado por causa de Cristo. Gracias a mis cadenas, ahora más que nunca la mayoría de los hermanos, confiados en el Señor, se han atrevido a anunciar sin temor la palabra de Dios.

FILIPENSES 1:12-14

Pablo usó su sufrimiento como un medio para compartir su fe. Dios sabe que la mejor forma de captar la atención de alguien que le busca no es necesariamente haciendo que sus hijos vivan una vida libre de dolor. Una de las mejores formas de captar la atención de los que le buscan espiritualmente con un corazón sincero es ver a un cristiano sufrir triunfante. Las pruebas crean la oportunidad de dar testimonio.

Había tres grupos de personas que fueron ayudados evangelísticamente debido a que Pablo estaba en prisión. Probablemente ninguno de ellos habría recibido la ayuda si él no hubiera estado encarcelado.

El primer grupo que se benefició del encarcelamiento que sufrió Pablo fueron sus guardas. Pablo era un importante prisionero político. En el pasado, Dios había abierto las puertas de la prisión milagrosamente para liberarle. Los romanos no querían correr riesgos, así que Pablo estaba encadenado, probablemente a un guarda romano.

Imagínate esto. Cuando un guardia comenzaba su turno, Pablo le hablaba de Jesús y quizá el hombre era salvo. Ese guardia terminaba su turno y otro guardia era encadenado a Pablo. Pablo le hablaba a ese guardia de Jesús, y se convertía. Uno a uno, los guardias que custodiaban a Pablo terminaban entregando sus vidas a Cristo. Los guardas romanos que nunca habrían oído el evangelio de ninguna otra forma se convertían a Cristo porque Pablo estaba encadenado en prisión. Un hombre lo llamó una reacción espiritual en cadena.

Un segundo grupo de gente que fue impactado de manera positiva por el encarcelamiento de Pablo incluía a los otros líderes cristianos. Debido a la feroz persecución, la mayoría de los cristianos no eran tan valientes como Pablo, pero cuando vieron que Pablo tuvo valor para hacer lo que hizo dentro de la prisión, ellos también comenzaron a hacerlo fuera de la prisión. Comenzaron a hablarles a otros con denuedo acerca de Jesús fuera de la prisión porque Pablo hablaba con denuedo dentro de la prisión.

Hubo un tercer grupo mucho más grande que se benefició del sufrimiento de Pablo en la cárcel. Mira, mientras que Pablo estaba en prisión, los filipenses le enviaron un paquete. Él les envió una larga nota de agradecimiento que nosotros llamamos hoy la Epístola a los Filipenses. Ellos fueron bendecidos con la epístola de la prisión de Pablo, y de igual modo lo han sido millones de personas más durante los siglos. Esta carta, Filipenses, quizá no hubiera tenido razón o tiempo de haberse escrito si no hubiera sido por los sufrimientos en la prisión.

De lo malo, surgió mucho bien. El mensaje de Cristo se esparció por toda la prisión, por los alrededores y a lo largo de la Historia. ¡Tremendo!

¿Por qué?

Entonces, ¿por qué suceden cosas malas a personas buenas? ¿Qué bien podemos sacar de lo malo? Quizá la razón por la que estás sufriendo es para abrir puertas de testimonio que de otro modo hubieran estado cerradas. Quizá tu sufrimiento te permitirá alcanzar a alguien para Cristo que probablemente de otro modo no hubiera sido alcanzado.

Notas

1. La historia de Sujo John ha sido usada con permiso. Se le puede contactar para dar su testimonio a través de su página web, www.sujojohn. com, http://www.sujojohn.com/about_sujo_sept11.html (acceso obtenido 28 marzo 2007).

Para ascendernos a una gloria mayor

FILIPENSES 1:21; SALMO 116:15

18

"¿Por qué? ¿Por qué? ¿Por qué permitió Dios que pasara esto?", lloraba la joven adolescente, con el corazón roto por la muerte de su abuela tras una larga y dolorosa batalla contra el cáncer.

—Piénsalo de esta forma —respondió su sabio pastor—. Acuérdate de la última semana de su vida cuando estaba sufriendo tanto. ¿Qué hubiera ocurrido si hubieras tenido el poder de quitarle todo su dolor? Si tuvieras ese poder, ¿lo usarías?

—Claro que le hubiera quitado su dolor —dijo la jovencita.

—¿Qué ocurriría si también tuvieras todos los recursos para enviarla a unas vacaciones de lujo en un hermoso paraje con sus amigos más íntimos? ¿Le enviarías?

—Sí —respondió ella.

—Supongamos también que pudieras darle un cuerpo nuevo que fuera mucho mejor que el que tenía. ¿Se lo darías?

—Sí.

—¿Y qué pasaría si pudieras sacarla de su casita en el mal vecindario donde vive y asentarle en una casa nueva en un buen vecindario? ¿Lo harías?

—Sí —dijo la chica—. Pero tú sabes que no puedo hacer todo eso por ella.

—Es cierto —contestó el pastor—, pero Dios sí puede, y lo hizo cuando se llevó a tu abuelita al cielo. —Luego continuó—: Tu abuela está ahora en unas vacaciones eternas. Dios tiene un cuerpo nuevo para ella. Está en un lugar donde no hay sufrimiento ni muerte, y está con amigas y familiares que no había visto durante años. Vive en un lugar especialmente diseñado para ella, y está en el mejor vecindario del planeta.

—Ya veo —dijo ella—. Así que por eso Dios dejó que la abuela muriese.

—Correcto —dijo él—. La muerte de alguien a quien amamos es duro para nosotros, pero ir al cielo es algo muy bueno para ellos.

—Pero le extrañaré —dijo ella.

—Lo sé —contestó él tiernamente—. Pero recuerda, los años en la tierra en los que extrañamos a nuestros seres queridos que se han ido al cielo se pasarán rápidamente. Son como nada comparado con la eternidad.

¡El día de la graduación!

Lo que a menudo parece lo peor que le puede pasar a una persona —morir— es de hecho algo muy, muy bueno para el pueblo de Dios. Para el cristiano, la muerte no es el fin, sino más bien una graduación para la gloria y un ascenso al placer más puro.

Los primeros seguidores de Jesús creían que la Biblia enseñaba que el cielo es un lugar físico, literal y genuino. Siempre describieron el cielo en términos concretos como un hogar literal eterno hermoso, maravilloso, alegre. Su confianza era obvia; por ejemplo, en el año 125 d.C. una persona no creyente llamada Arístides le escribió a un amigo intentando explicarle por qué la nueva religión llamada "cristianismo" tenía tanto éxito.

> *Si un hombre justo entre los cristianos deja este mundo, se gozan y dan gracias a Dios, y escoltan su cuerpo con canciones y agradecimientos como si se fuera de un lugar a otro lugar cercano.*[1]

Para los cristianos, la muerte es meramente la puerta al cumplimiento final de nuestros sueños y nuestro destino. Cuando los cristianos mueren, no dejar de vivir; más bien comienzan a vivir a un nivel mucho más alto de lo que ninguno de nosotros somos capaces de imaginar.

Piensa en ello. Cuando los cristianos mueren, no cesan de existir, sino que continúan hacia adelante. No abandonan su hogar, sino que van a su hogar. No se quedan, sino que son ascendidos. No dejan la tierra de los vivientes para entrar en la tierra de los muertos; no, sino que dejan la tierra de los muertos para entrar en la tierra de los vivos.

Recientemente tuve la oportunidad de estudiar todo lo que la Biblia enseña acerca del cielo.[2] Al terminar ese estudio estaba emocionado con el gozo glorioso que nos espera en el cielo. Algunas de las verdades más sorprendentes que descubrí sobre el cielo son estas:

1. El cielo es un lugar literal, más real que cualquier otro lugar donde hayas estado.
2. El cielo es la casa que siempre has querido.
3. El cielo es el lugar donde se celebran las mejores fiestas.
4. El cielo es el lugar más emocionante del universo.
5. El cielo, en su peor día, es mejor que el mejor día de la tierra.
6. El cielo alberga las mejores reuniones y las más grandes que te puedes imaginar.
7. El cielo es un mundo mucho mayor que este, pero mucho más pequeño que el que viene.
8. El paraíso, o el cielo, es un huerto de Edén restaurado, purificado y perfeccionado.
9. El cielo será el escenario de un maravilloso banquete de premios.
10. Puedes aumentar tu capacidad de disfrutar del cielo mañana a través de las decisiones que tomas hoy.
11. En el cielo sufriremos una transformación total de nuestro cuerpo
12. En el cielo tendremos la boda más grande de todas.
13. El cielo será un reino glorioso gobernado por el Rey Jesús.
14. Un día, el cielo tendrá una ciudad capital gloriosa.
15. El cielo es el hogar de Dios.
16. El cielo definitivamente será una herencia llena de Dios, placentera, fresca, refrescante disponible para todos los que verdaderamente quieran ir allí.
17. En el cielo nos asociaremos con criaturas increíbles llamadas ángeles.

18. Disfrutaremos de los animales en el cielo.
19. El cielo es una experiencia que abre nuestra mente.
20. El cielo es el lugar donde los sueños se hacen realidad.
21. El cielo está accesible desde cualquier lugar en la tierra a través de la fe en Jesucristo.

¡No puedo perder!

Pablo había vivido una vida llena de emocionantes aventuras como seguidor de Jesús. Ahora estaba viejo, cansado y listo para un alivio. Su cuerpo se dolía de tantas palizas y pruebas que tuvo que soportar por Cristo. Ahora, encerrado en una prisión por causa de su fe, era lo suficientemente listo como para saber que si apretaba los botones correctos, sería ejecutado. Eso pondría fin a la persecución y al dolor. Iría a un lugar mucho mejor.

Sin embargo, había gente en la tierra que aún confiaba en él. Necesitaban su liderazgo y enseñanza, así que él se enfrentaba a todo un dilema. Tenía confianza de que con el suficiente apoyo en oración saldría para poder ayudar a más gente. ¿Pero es lo que debía hacer? ¿O debería empujar y conseguir que su cuello estuviera ante su verdugo? Entonces podría disfrutar del cielo. En una carta a sus amigos, describió este dilema y por qué escogió la liberación en lugar de la muerte.

Porque sé que, gracias a las oraciones de ustedes y a la ayuda que me da el Espíritu de Jesucristo, todo esto resultará en mi liberación. Mi ardiente anhelo y esperanza es que en nada seré avergonzado, sino que con toda libertad, ya sea que yo viva o muera, ahora como siempre, Cristo será exaltado en mi cuerpo. Porque para mí el vivir es Cristo y el morir es ganancia. Ahora bien, si seguir viviendo en este mundo representa para mí un trabajo fructífero, ¿qué escogeré? ¡No lo sé! Me siento presionado por dos posibilidades: deseo partir y estar con Cristo, que es muchísimo mejor, pero por el bien de ustedes es preferible que yo permanezca en este mundo. Convencido de esto, sé que permaneceré y continuaré con todos

ustedes para contribuir a su jubiloso avance en la fe. Así, cuando yo
vuelva, su satisfacción en Cristo Jesús abundará por causa mía.
FILIPENSES 1:19-26

Observa la frase al final de este primer párrafo: "Vivo, soy mensajero de Cristo; muerto, soy su recompensa. ¡Vida versus más vida! No puedo perder". Qué perspectiva de la vida tan inmejorable. Seguir viviendo era vida, pero morir era más vida, vida eterna, una calidad superior de vida. ¡Él no podía perder!

Pablo entendió que, para el creyente, la muerte física es meramente un paso hacia la vida eterna. Lo "malo" de la muerte queda anulado por lo "mejor" del cielo.

Santa Berta

Mi madre era una santa. Sé que teológicamente todos los que hemos nacido de nuevo somos "santos" (ver Filipenses 1:1). En la salvación somos "santificados" o "apartados" de este mundo para nuestro Dios a través de la fe en Jesucristo. Pero la santidad de mi madre era especial. No estoy diciendo esto por el simple hecho de que era mi madre, sino que lo estoy diciendo porque en los últimos años de su vida, irradiaba tanto el amor de Dios que su pastor comenzó a llamarla *Santa Berta*, y el apodo se le quedó.

No hace mucho tiempo, tras años de luchar contra unas pesadas aflicciones físicas, ella calladamente cambió esta vida por la siguiente. Cuando me preparaba para hablar en su funeral, vino a mi mente un versículo.

Mucho valor tiene a los ojos del Señor la muerte de sus fieles.
SALMO 116:15

La muerte de mamá fue preciosa a ojos de su Señor, debido a que ella, como todos nosotros, era muy valiosa para Él por el alto precio que Él pagó para redimirla. Su muerte también fue preciosa porque por medio de sus oraciones, generosidad y amorosa aceptación de la gente herida, se había convertido en una persona dulce y querida.

Como pastor, he asistido y participado en cientos de funerales. Hay un puñado de ellos que nunca olvidaré porque era obvio para mí que los ejércitos celestiales habían dejado el cielo para unirse a nosotros en el funeral. Parecía haber un brillo dorado en la sala y el atisbo de una música angelical bailando en el aire. El funeral fue una celebración gloriosa de una vida maravillosa y centrada en Cristo y una llegada esperada al cielo.

¿Por qué?

Entonces, ¿por qué Dios permite que su pueblo experimente lo negativo de la muerte? Porque Él sabe que la muerte es la puerta a una vida eterna mejor y más elevada. Es un regalo de bendito alivio del dolor y descanso del trabajo. Aunque extrañamos a nuestros seres queridos que han partido antes que nosotros, nos gozamos en la alegría en que ellos han entrado.

Notas

1. Arístides, "The Apology of Aristides the Philosopher", 15, http://www.earlychristianwritings.com/text/aristides-kay.html (acceso obtenido 20 septiembre 2006).
2. Ver Dave Earley, *The 21 Most Amazing Truths about Heaven* (Uhrichsville, OH: Barbour, 2006).

Para darnos más enseñanza
HEBREOS 12; SALMO 119:67, 71

19

Cuando C. S. Lewis tenía entre seis y ocho años, su madre sufrió y murió. En su juventud, Lewis combatió en la Primera Guerra Mundial, donde vivió de primera mano los horrores de ver morir a sus amigos o de resultar brutalmente heridos. Ya de adulto, intentó mantener una relación con su emocionalmente distante padre, sin fruto alguno. Después, se enamoró locamente de una mujer extraña. Estaba divorciada, había sido comunista atea y recientemente se había convertido al cristianismo. Se llamaba Joy, y ella se convirtió en el gozo de su vida. Se hizo una película muy popular en torno a su noviazgo y matrimonio llamada *Shadowlands*.

Pronto en su matrimonio, Joy contrajo un cáncer. Pocos años después, murió. Como consecuencia de su dolor, Lewis desarrolló un mayor aprecio de algunos de los costosos beneficios del dolor y la tristeza. Uno fue la capacidad de la agonía de captar nuestra atención. Con una gran sabiduría, escribió: "El dolor es el megáfono de Dios para despertar a un mundo sordo".[1]

¿Por qué permite Dios que cosas malas se amontonen en las vidas de gente buena? Una razón es que en el dolor aprendemos a oír la voz de Dios. Como alguien observó: "Cuando estamos heridos es cuando Dios nos habla".[2]

En el dolor aprendemos a oír la voz de Dios

Steve era un buen padre, esposo y cristiano. También era un comercial de bienes raíces de mucho éxito que perdió su empresa cuando la economía se hundió. Sin trabajo y sin opciones, oyó la voz de Dios a través del megáfono de su dolor. La adversidad le enseñó a Steve muchas lecciones de gran valor.

> *Comencé a ver que mi caminar con Dios se había erosionado gradual-*
> *mente durante esos años de prosperidad. Al ser quitadas las anteojeras*
> *de mis ojos, comencé a verme con una nueva luz muy poco atractiva;*
> *Dios me estaba mostrando verdades duras sobre mí mismo que yo no*
> *quería ver. Esas cosas como mi reputación, el aprecio de mis colegas*
> *de trabajo y mi red de valía y bienes se habían convertido en ídolos*
> *paganos en mi vida...*
>
> *Todas esas cosas vinieron como un shock porque pensaba que ya*
> *tenía mi vida solucionada. Dios estaba "golpeándome amorosamente"...*
> *Fueron lecciones difíciles de aprender, pero me senté a sus pies y escuché*
> *su Palabra, y en medio de la disciplina, empecé a amarle más que en el*
> *pasado, mucho más.*[3]

Nancie también fue estudiante de la escuela del sufrimiento. Su historia es que era la mujer de pastor modelo, editora, madre y miembro de la iglesia. Sin embargo, comenzaron a apilarse sobre ella cosas malas. Nancie se encontró soportando a duras penas la pérdida de sus padres, los retos de educar a cinco hijos, uno de los cuales tenía necesidades especiales, dolor crónico, fatiga, depresión paralizante y un horario de vértigo. Se sentía totalmente incapaz de sacar adelante la vida tan compleja, ocupada y agotadora que había creado para sí misma.

Cuando el colapso le forzó a confrontar su dolor, aprendió muchas lecciones. Una de las más importantes fue escuchar a Dios. Ella escribe: "Aprendí que el desierto no es una tragedia. La tragedia es dejar de oír lo que Dios me estaba diciendo allí".[4]

En el dolor aprendemos lecciones en la escuela del sufrimiento

El mundo romano del primer siglo era un mundo que consumía la fe de cualquier cristiano judío. Lee despacio en Hebreos 10:32-34;

11:35-38 la lista de dolor que los cristianos hebreos tuvieron que soportar y que sólo se podría llamar "una gran lucha y conflicto de sufrimientos".

- Ser hecho un espectáculo público a través de reproches y tribulaciones
- Ver a amigos y seres queridos soportar lo mismo
- Soportar el embargo de propiedades
- Ser torturado y rehusar ser liberado
- Sufrir insultos y azotes
- Ser encadenado y encarcelados
- Ser destituido, perseguido y maltratado
- Encontrar refugio en el desierto, las montañas, cuevas y madrigueras en la tierra
- Enfrentarse a la muerte por lapidación, ser serrado en dos o ser decapitado por la espada
- No tener nada que vestir salvo pieles de ovejas y cabras

Mis pruebas parecen pequeñas en comparación con lo que ellos sufrieron. Es a estas personas que estaban viviendo en la escuela del sufrimiento a los que Dios dijo: no abandonen su fe (Hebreos 10:35), sigan corriendo el maratón de la fe (12:1) y pongan sus ojos en Jesús (vv. 2-3).

A menudo necesito que me recuerden que la mayor parte de la vida es educación, no destino. Uno de los principales agentes de instrucción es la adversidad. Hay mucho que aprender en la academia de la agonía. A veces, el propósito es enseñarnos una verdad, una actitud o incluso una destreza que no conocíamos previamente. A menudo el objetivo es corregir nuestro pensamiento, actitudes o comportamiento.

El capítulo 12 de la carta a los Hebreos trata el asunto de la educación a través de la adversidad. El autor nos recuerda varias lecciones que podemos aprender cuando se intensifican las tormentas de la vida.

1. No sientas lástima de ti mismo. No eres el único que está sufriendo.

En la lucha que ustedes libran contra el pecado, todavía no han tenido que resistir hasta derramar su sangre.
HEBREOS 12:4

El sufrimiento sabe cómo aislarnos del contacto con otros. A menudo sentimos que somos los únicos o que el grado de nuestro sufrimiento es mucho más grande que el de otros. No es cierto. Cada ser humano sufre pruebas. La adversidad es la prueba de la humanidad.

2. No dejes escapar la lección ni, por el contrario, te dejes aplastar por el sufrimiento. La disciplina paternal es parte de la vida familiar. El hecho de que Dios traiga disciplina a nuestras vidas demuestra que somos sus hijos.

Y ya han olvidado por completo las palabras de aliento que como a hijos se les dirige: «Hijo mío, no tomes a la ligera la disciplina del Señor ni te desanimes cuando te reprenda, porque el Señor disciplina a los que ama, y azota a todo el que recibe como hijo.»
HEBREOS 12:5-6

Cuando mis hijos eran pequeños, de vez en cuando (está bien, a menudo) necesitaban algo de disciplina. Nosotros en broma nos referíamos a ello como administrar "la tabla de la educación al asiento del entendimiento".

A los niños de nuestros vecinos les encantaba estar en casa y sentirse parte de la familia. Un día les sorprendí a todos en el jardín escondidos detrás de la caseta apostando a las cartas y al póker.

Cuando juntamos a nuestros hijos para disciplinarles, los vecinos preguntaron: "¿Y nosotros?"

"Yo sólo puedo disciplinar a mis hijos", les respondí. "Su papá decidirá si les disciplina".

Una razón por la que sé que soy hijo de Dios es porque Él no me deja que me salga con la mía. Si no me amara tanto, no me disciplinaría tan severamente. El sufrimiento no es una señal de que mi Padre celestial no me ama, sino la evidencia de que sí me ama.

3. No abandones. La disciplina es parte del proceso de crianza de Dios.

Lo que soportan es para su disciplina, pues Dios los está tratando como a hijos. ¿Qué hijo hay a quien el padre no disciplina?
HEBREOS 12:7

Una vez, cuando mi hijo Andrew se metió en problemas le encontré en su habitación haciendo sus maletas para irse. Tenía cuatro o cinco años en ese entonces. Le pregunté por qué se iba, y me dijo que era porque yo era muy malo. Actualmente, tanto él como yo estamos contentos de que no se fuera. Tras unos años de luchar con los problemas asociados al crecimiento, él se ha convertido en un joven cristiano maravilloso, y tenemos una relación muy estrecha.

Estoy comenzando a entender que la mayoría de mis años en la tierra los pasaré en la escuela del sufrimiento. Esto no es debido a que Dios no me ame, sino porque me ama y me está preparando para una cercana relación con Él para toda la eternidad.

4. No veas lo que estás experimentando como un castigo. Es entrenamiento.

…Dios los está tratando como a hijos… Si a ustedes se les deja sin la disciplina que todos reciben, entonces son bastardos y no hijos legítimos.
HEBREOS 12:7-8

Uno de los ánimos que he obtenido al investigar y escribir este libro es que he recordado que cada cristiano pasa por periodos de disciplina y dificultad. Ningún creyente está inmune. Nadie está por encima de la necesidad de la amorosa instrucción del Padre.

5. Acepta el entrenamiento de Dios.

Después de todo, aunque nuestros padres humanos nos disciplinaban, los respetábamos. ¿No hemos de someternos, con mayor razón, al Padre de los espíritus, para que vivamos?
HEBREOS 12:9

El verdadero crecimiento se produce cuando avanzamos hasta dejar meramente de soportar el sufrimiento y llegar a aceptarlo. Tengo que confesar que aun cuando intento recibir las pruebas, me cuesta mantener esa perspectiva. Pero, como hemos visto a lo largo de todo este libro, Dios produce muchas bendiciones positivas en nuestra vida a través de la aflicción. Mientras recordemos eso, podemos recibir su proceso de entrenamiento.

6. No te desanimes. Mantén la perspectiva general.

En efecto, nuestros padres nos disciplinaban por un breve tiempo, como mejor les parecía; pero Dios lo hace para nuestro bien, a fin de que participemos de su santidad. Ciertamente, ninguna disciplina, en el momento de recibirla, parece agradable, sino más bien penosa; sin embargo, después produce una cosecha de justicia y paz para quienes han sido entrenados por ella.
HEBREOS 12:10-11

Si miramos nuestra actual dificultad, puede ser desalentador; pero el dolor actual juega un papel importante en el proceso mayor y más amplio de producir madurez en nuestra vida. Mira la recompensa final en vez del sufrimiento presente.

7. No pases por ello solo.

Por tanto, renueven las fuerzas de sus manos cansadas y de sus rodillas
debilitadas. «Hagan sendas derechas para sus pies», para que la pierna
coja no se disloque sino que se sane.
HEBREOS 12:12-13

El sufrimiento hará que tu mundo sea más pequeño. El trabajo
pesado de tratar con la dificultad diaria y el sufrimiento podrían
hacer que te centres solamente y exclusivamente en ti. Un día te des-
pertarás en una pequeña isla solitaria. Paradójicamente, a menudo la
mejor forma de aligerar tu carga es ayudando a otros a llevar las suyas
un ratito.

Mi mamá luchaba con unos desafíos respiratorios persistentes,
temblores, degeneración macular y artritis, además de depresión y
otros asuntos. Sin embargo, podía seguir adelante y se mantenía conta-
giosamente positiva a pesar de todas esas cosas. Uno de sus secretos era
que encontraba mucho gozo y alivio ayudando a otros. Visitar a gente
en el hospital, llevar flores a los que estaban encerrados y dar dinero
a parejas jóvenes que luchaban económicamente eran algunas de sus
claves para poder vencer sus dificultades.

En el dolor, aprendemos a vivir la Palabra de Dios

Uno de los mayores eruditos bíblicos y maestros de la historia, Martin
Lutero, dijo: "La aflicción es el mejor libro de mi biblioteca".[5] Otro,
Charles Spurgeon, dijo: "Se aprende muy poco sin aflicción. Si quere-
mos ser eruditos, debemos sufrir".[6]

Todos tenemos la tendencia a salirnos del carril, especialmente
cuando se trata de los caminos de Dios.

Antes de sufrir anduve descarriado, pero ahora obedezco tu palabra.
SALMO 119:67

Me hizo bien haber sido afligido, porque así llegué a conocer tus decretos.
SALMO 119:71

Corrie ten Boom fue llevada a un horrendo campo de concentración alemán por su fe en Cristo. Con el cuerpo dolorido, el estómago vacío y las manos heladas, escribió estas palabras desde su cama infectada de piojos: "Estamos en la escuela de entrenamiento de Dios y aprendiendo mucho".[7]

Mi amigo John Thomas escribe: "Las verdaderas lecciones de la Escritura no se pueden entender del todo en un aula. Se descubren y se entienden del todo solamente en el laboratorio de la vida".[8] Tiene razón.

¿Por qué?

Entonces, ¿por qué Dios permite que cosas malas asalten las puertas de personas buenas? A menudo es solamente parte del proceso de crianza, diseñado para enseñarnos cómo vivir de manera práctica los principios de la Palabra de Dios.

Notas

1. C. S. Lewis, *The Problem of Pain* (New York: Macmillan, 1940), p. 93.
2. W. H. Auden, citado en *The Desert Experience: Personal Reflections on Finding God's Presence and Promise in Hard Times* (Nashville: Nelson, 2001), p. 72.
3. Citado en David Jeremiah, *A Bend in the Road* (Nashville: W, 2000), pp. 128-29.
4. Nancie Carmichael, "El regalo del desierto", en *The Desert Experience: Personal Reflections on Finding God's Presence and Promise in Hard Times* (Nashville: Nelson, 2001), p. 78.
5. Martin Luther, citado por Elizabeth Skoglund, *Coping* (Ventura, CA: Regal, 1971), p. 23.
6. Charles Haddon Spurgeon, *The Treasury of David*, vol. 6, Salmos 119-124 (Grand Rapids: Baker, 1981), p. 166.

7. Corrie ten Boom, *Clippings from My Notebook* (Minneapolis: World Wide, 1982), p. 56.

8. John Thomas y Gary Habermas, *Why Me?* manuscrito no publicado, p. 112.

20

Para llamarnos a intensificar nuestras oraciones

Santiago 1:5

Yo soy padre, y tengo tres hijos llamados Luke (dieciséis), Andrew (dieciocho) y Daniel (veinte). Los dos mayores están en la universidad. Creo que ambos te dirían que tengo una relación muy buena con ellos, pero…cuando todo va bien, no me llaman muy a menudo. Si yo les llamo, les encanta hablar conmigo, pero están ocupados, y no me necesitan.

Sin embargo, si pasan por alguna adversidad con la que piensan que les puedo ayudar, entonces me llaman rápidamente. ¿Por qué?

Me llaman porque me necesitan.

Yo me alegro de oírles y me gusta ayudarles.

No es que sean malos chicos, no lo son; de hecho, son unos jóvenes estupendos. No es que sean egoístas, ni que sean unos mocosos despreocupados, en absoluto. Es sólo que son jóvenes normales.

Permíteme hacerte una pregunta.

¿Cuándo hablas con tu Padre celestial con más frecuencia?

Muchos estaríamos de acuerdo en que la oración es una actividad muy importante; sin embargo, la vasta mayoría de nosotros admitiría que no oramos todo lo que nos gustaría.

¿Cuándo oras más frecuentemente?

¿Oras más cuando todo va bien o cuando todo va mal?

Es lo que yo pensaba.

Normalmente oramos más cuando pasamos por tiempos difíciles.

¿Por qué? Porque es en los momentos difíciles cuando nos damos cuenta de lo desesperadamente que necesitamos a Dios.

¿Por qué un Dios bueno permite que sus hijos sufran cosas malas?

154

Una razón es que la estrechez, la presión, el dolor y los problemas pueden acercarnos más Él a través del a oración. Acudimos a Él en busca de provisión, dirección y ayuda.

¿A quién vas a llamar?

El pastor de la primera iglesia en el mundo, el pastor Santiago, y su congregación de cristianos hebreos eran personas buenas que sufrieron una plétora de problemas. Sufrieron una severa oposición y persecución (Hebreos 10:32-34). Muchos de ellos fueron expuestos públicamente a insultos y persecución. A algunos les embargaron sus propiedades. Otros fueron encarcelados. Algunos de sus líderes fueron asesinados por su fe (Hechos 8, 12). En su profunda declaración sobre los beneficios de sufrir pruebas, Santiago recomendó que sus lectores añadieran más oración a la lista.

> *Hermanos míos, considérense muy dichosos cuando tengan que enfrentarse con diversas pruebas, pues ya saben que la prueba de su fe produce constancia. Y la constancia debe llevar a feliz término la obra, para que sean perfectos e íntegros, sin que les falte nada. Si a alguno de ustedes le falta sabiduría, pídasela a Dios, y él se la dará, pues Dios da a todos generosamente sin menospreciar a nadie.*
> SANTIAGO 1:2-5

"Pídasela a Dios". El sufrimiento puede ser algo confuso. Nos preguntamos: ¿Por qué yo? ¿Por qué ahora? ¿Cuándo mejorará esta situación? ¿Qué hago ahora? ¿Por qué camino vamos? ¿A quién le contamos qué? ¿Quién puede ayudarme?

Santiago nos dice que cuando sufrimos y no estamos seguros de lo que hacer, necesitamos clamar a Dios. Dios quiere ayudarnos. Él nos dará la sabiduría que necesitamos.

David: Una oración para cada problema

La vida de David fue tanto emocionante como espantosa. Conoció las subidas muy elevadas, pero también experimentó bajadas devastadoras. Experimentó su parte de problemas al ser acusado falsamente, casi asesinado, cazado como un fugitivo, escondiéndose para salvar su vida en el desierto. Además, tuvo numerosas batallas contra los bárbaros ejércitos filisteos. Además de estas adversidades estaban las agonías causadas por sus pecados. Ridículo público, la muerte de un hijo, y la dolorosa culpabilidad y vergüenza fueron dolores de corazón que se produjo a sí mismo. Los problemas familiares casi le destruyen. Una de sus hijas fue violada por su hijo. Otro hijo albergó resentimiento y rebeldía, organizó un exitoso golpe político que sacó a David de su trono, y más tarde fue trágicamente asesinado. ¡Qué situación tan grande y triste!

Del volumen de su vida y tristezas, David escribió más de setenta y cinco canciones. Muchas son biográficas, y se leen como si fueran parte de un diario. Un número significativo de ellas eran oraciones, o mejor dicho, súplicas a Dios escritas de las profundidades de sus dificultades. David fue llamado "un hombre conforme al corazón de Dios", en parte debido a que persistentemente convertía sus problemas en oraciones. Sus salmos nos enseñan que hay una oración para cada problema. Por ejemplo, cuando comenzó a huir para salvar su vida del loco rey Saúl y sus tropas, David se dirigió a Dios y oró.

Sálvame, oh Dios, por tu nombre; defiéndeme con tu poder. Escucha, oh Dios, mi oración; presta oído a las palabras de mi boca. Pues gente extraña me ataca; tratan de matarme los violentos, gente que no toma en cuenta a Dios. Pero Dios es mi socorro; el Señor es quien me sostiene.
Salmo 54:1-4

A ti, fortaleza mía, vuelvo los ojos, pues tú, oh Dios, eres mi protector.
Salmo 59:9

En un cambio humillante de los acontecimientos mientras huía de Saúl, David tuvo que fingir locura para que no le mataran los filisteos. El gran guerrero tuvo que convertirse en el tonto babeante del pueblo. Este problema lo convirtió en oración. Más tarde escribió sobre su liberación.

> *Busqué al Señor, y él me respondió; me libró de todos mis temores. Radiantes están los que a él acuden; jamás su rostro se cubre de vergüenza. Este pobre clamó, y el Señor le oyó y lo libró de todas sus angustias. … Los ojos del Señor están sobre los justos, y sus oídos, atentos a sus oraciones. … Muchas son las angustias del justo, pero el Señor lo librará de todas ellas.*
> Salmo 34:4-6, 15, 19

Clamor desde la cueva

Llegó un momento en que Saúl y su ejército estaban con el aliento en la nuca de David, y él se vio forzado a esconderse en una cueva. Sí, una cueva oscura, húmeda y sucia. Quizá te sientas como si estuvieras en una cueva de dificultades. El destacado autor y predicador inglés Charles Spurgeon observó: "Las cuevas son buenos lugares de oración".[1] Convierte tu cueva en un lugar de oración. David así lo hizo.

David no acudió a Dios con palabras educadas ni aprendidas o con una impresionante elocuencia. La desesperación de David y las extremas circunstancias provocaron en él un profundo llanto interior. *Clamó* a Dios. Se ha dicho que el mejor estilo de oración es aquel que no se puede definir de otra manera salvo como un clamor.

Me imagino que si el dolor es tan severo que tengo que clamar, puede que también clamase a Dios. David sabía lo que significaba clamar a Dios. Escucha el clamor confiado y las oraciones de súplica pidiendo ayuda que ofreció delante de Dios desde esa cueva.

> *Clamo al Dios Altísimo, al Dios que me brinda su apoyo. Desde el cielo me tiende la mano y me salva; reprende a mis perseguidores. ¡Dios me envía su amor y su verdad!*
> Salmo 57:2-3

> *A voz en cuello, al Señor le pido ayuda; a voz en cuello, al Señor le pido*
> *compasión. Ante él expongo mis quejas; ante él expreso mis angustias. ...*
> *A ti, Señor, te pido ayuda; a ti te digo: «Tú eres mi refugio, mi porción*
> *en la tierra de los vivientes.» Atiende a mi clamor, porque me siento*
> *muy débil; líbrame de mis perseguidores, porque son más fuertes que yo.*
> SALMO 142:1-2, 5-6

Sus momentos difíciles no desaparecieron inmediatamente. David
vivió la solitaria vida de un fugitivo durante muchos años difíciles en
el desierto. Su carrera fue corta, su reputación quedó estropeada, su
familia arrebatada, y fue un vagabundo que hasta a veces cayó en la
desesperación. El triste vacío del ralo desierto debió de haber evocado
imágenes de mejores tiempos y engendrado en su alma un profundo
anhelo. En su dolor, por la noche, solo en el desierto, clamaba a Dios.
Oye la angustia de sus oraciones.

> *Oh Dios, tú eres mi Dios; yo te busco intensamente. Mi alma tiene sed de*
> *ti; todo mi ser te anhela, cual tierra seca, extenuada y sedienta.*
> SALMO 63:1

Cuando la fea y horrible experiencia con Saúl finalmente acabó,
David pudo mirar atrás a sus años de prueba y maravillarse de la respuesta de Dios a sus oraciones. De forma triunfante testificó acerca
del rescate de Dios. Lee con detenimiento sus poderosas y poéticas
imágenes.

> *¡Cuánto te amo, Señor, fuerza mía! El Señor es mi roca, mi amparo, mi*
> *libertador; es mi Dios, el peñasco en que me refugio. Es mi escudo, el*
> *poder que me salva, ¡mi más alto escondite! Invoco al Señor, que es digno*
> *de alabanza, y quedo a salvo de mis enemigos.*
> SALMO 18:1-3

> *Los lazos de la muerte me envolvieron; los torrentes destructores me*
> *abrumaron. Me enredaron los lazos del sepulcro, y me encontré ante las*

trampas de la muerte. En mi angustia invoqué al Señor; clamé a mi Dios, y él me escuchó desde su templo; ¡mi clamor llegó a sus oídos!
SALMO 18:4-6

Extendiendo su mano desde lo alto, tomó la mía y me sacó del mar profundo. Me libró de mi enemigo poderoso, de aquellos que me odiaban y eran más fuertes que yo. En el día de mi desgracia me salieron al encuentro, pero mi apoyo fue el Señor. Me sacó a un amplio espacio; me libró porque se agradó de mí.
SALMO 18:16-19

Nunca lejos de la necesidad de orar

Cuando finalmente David se convirtió en rey, sus problemas no desaparecieron; simplemente tomaron otras formas, pero nuevamente David los transformó en oraciones. Por ejemplo, cuando fue confrontado por su pecado de adulterio, rogó con ansia por su limpieza. De un corazón roto y arrepentido escribió el clásico Salmo cincuenta y uno.

Ten compasión de mí, oh Dios, conforme a tu gran amor; conforme a tu inmensa bondad, borra mis transgresiones. Lávame de toda mi maldad y límpiame de mi pecado. ... Purifícame con hisopo, y quedaré limpio; lávame, y quedaré más blanco que la nieve. Anúnciame gozo y alegría; infunde gozo en estos huesos que has quebrantado. Aparta tu rostro de mis pecados y borra toda mi maldad.
SALMO 51:1-2, 7-9

Una de las etapas más desgarradoras de la vida de David fue cuando su hijo Absalón se volvió contra él y le arrebató el trono. Fue un incidente feo, desagradable y vil. No me puedo imaginar lo mucho que le debió de doler ver que su propio hijo repudiara todo lo concerniente a él y se rebelara tan astuta y violentamente. Sólo puedo intentar imaginarme el dolor que debió de sentir cuando tuvo que huir de su trono porque su pueblo ahora estaba en su contra. Sin embargo, David oró confiadamente.

Muchos son, Señor, mis enemigos; muchos son los que se me oponen, y muchos los que de mí aseguran: «Dios no lo salvará.» Pero tú, Señor, me rodeas cual escudo; tú eres mi gloria; ¡tú mantienes en alto mi cabeza! Clamo al Señor a voz en cuello, y desde su monte santo él me responde.
SALMO 3:1-4

Yo me acuesto, me duermo y vuelvo a despertar, porque el Señor me sostiene. No me asustan los numerosos escuadrones que me acosan por doquier.
SALMO 3:5-6

Convierte tus problemas en oraciones

David no fue el único que permitió que el dolor le acercara a Dios en oración. El secreto del éxito de personas como Moisés, Ana, Asa, Ezequías, Elías, Nehemías, María, Pedro, Daniel y Pablo fue que aprendieron a convertir sus problemas en oraciones. Nosotros debemos hacer lo mismo. Quizá quieras volver a leer las oraciones de David destacadas en este capítulo y hacer tuyas algunas de ellas. Úsalas para clamar a Dios.

¿Por qué?

¿Qué bueno puede salir de las cosas malas que afrontamos? Nuestros problemas nos llevan a acercarnos más a nuestro Padre celestial en oración.

Notas

1. Charles Haddon Spurgeon, *The Treasury of David*, vol. 7 (Byron Center, MI: Associated Publishers and Authors, 1970), p. 293.

Para refinar nuestra fe
1 PEDRO 1:6-9

Probado por fuego

Cuando se despertó la mañana del día de acción de gracias, Merrill Womach era un hombre apuesto y animado, activamente involucrado en su empresa de expansión de música cristiana y su carrera como cantante. Sin embargo, a medio día su vida tomó una devastadora nueva dirección cuando su avión se estrechó en un mar de llamas. Sorprendentemente, cuando el personal médico le estaba sacando del abrasador accidente y tumbándolo en una camilla, ¡él comenzó a cantar alabanzas a Dios!

Misericordiosamente, Dios preservó su vista y sus cuerdas vocales en medio del horrible fuego y las numerosas cirugías. Milagrosamente, su voz se enriqueció y mejoró más que nunca.

Pero las manos de Merrill y la cabeza estaban carbonizadas y ensangrentadas por las tremendas llamas del fatal accidente de avión. El que una vez fue un rostro apuesto se desfiguró horriblemente y se llenó de cicatrices. Todos sus rasgos habían sido consumidos por las llamas. Su dolor físico era desgarrador, intenso y agónico, pero su dolor emocional era mucho mayor. Imagínate lo hundido que se sintió cuando oyó a su enfermera decirle a un celador: "¿Has visto el aspecto tan horrible de esa criatura? Me cuesta tocarle".[1] Piensa en cómo su esposa, Virginia, debió de sentirse al ver nada más que una mancha negra de carbón donde había estado el rostro de su esposo.

Durante los siguientes catorce años, Merrill de algún modo soportó más de cincuenta atroces operaciones de injerto de piel. La piel se tomaba de partes de su cuerpo que no habían sido dañadas y se cosían sobre las secciones quemadas. La recuperación de esas operaciones fue larga, frustrante e intensamente dolorosa.

Por el día había tratamientos dolorosos. Por la noche tenía que hacer frente a terribles pesadillas de quemarse vivo o ser arrojado a un horno, o de que le cortaban la piel con un machete. Comprensiblemente, temía hacerse adicto a los medicamentos para aliviar el dolor, y luchaba contra severas etapas de soledad, temor y depresión.

Cuando finalmente pudo salir en público, se encontró con miradas fijas, risas, temor e insultos. Una mujer llegó a gritar: "Oye payaso, quítate la máscara, que aún no estamos en Halloween".[2] Obviamente, el fuego probó gravemente la fe de Merrill y Virginia. Con mucha determinación, perseveraron, creyendo que Dios les había hecho pasar por esa terrible experiencia con un propósito. Virginia escribió:

Aunque suena extraño, siento que es un honor que Dios nos escogiera. Dios tenía un propósito en todo nuestro sufrimiento, y creo que es el de compartir la fuerza que hemos obtenido de esto con otros que han sufrido o que sufrirán tragedias en sus vidas.[3]

Merrill dijo:

"Dios nos ha probado con el fuego, y del sufrimiento Él estaba haciendo algo hermoso en nuestras vidas".[4]

¿Por qué permitió Dios que un buen hombre pasara por este fuego tan espantoso? ¿Por qué su esposa tuvo que afrontar una prueba tan horrible? A menudo Dios usa el fuego de la aflicción para moldear el carácter, refinar la fe y hacer algo más hermoso de nuestras vidas.

¡La noche del lamento!

Imagino que fue una noche que Pedro nunca olvidaría y siempre lamentaría. Inusualmente templado en Jerusalén para ser primavera, el calor rápidamente aumentó. Tras una emotiva comida, Jesús había llevado a sus discípulos al huerto de Getsemaní para descansar y orar. A Jesús se le notaba, de modo extraño e innecesario, un tanto vigorizado, intenso, serio y agitado, pero a Pedro le costó mucho estar despierto.

Entonces la razón para el estado de ánimo de Jesús quedó perfectamente clara. Voces enojadas y antorchas brillando le perturbaron la somnolencia. Lo siguiente que supo Pedro es que Jesús fue arrestado y llevado a la fuerza.

Con la adrenalina despertando sus sentidos, Pedro siguió a la distancia para saber lo que ocurriría; gran error. El Sanedrín estaba acalorado. Jesús se había pasado de la raya. Obviamente, Jesús se había metido en aguas muy calientes, y una tormenta de fuego estaba descendiendo con el potencial de tragárselos a todos.

El temor comenzó correr por sus venas y a descender por su espalda como agua hirviendo. Estaba sudando. Los pensamientos merodeaban su cabeza como enojadas ráfagas de vapor.

¿Qué le ocurriría a Jesús? *Esas personas querían matarle.*

¿Qué le sucedería a su movimiento de verdad y amor radicales? Las autoridades querían aplacarlo.

¿Y qué sería de él? ¿Qué le ocurriría a él, la mano derecha de Jesús, el de la gran espada y la boca grande? Si iban a matar a Jesús, ¿qué harían con él?

El temor cedió su lugar a la duda.

¿Realmente Jesús era el Mesías? ¿Era realmente el único camino a Dios?

¿Valía la pena seguir a Jesús en vista del sufrimiento que Pedro estaba a punto de afrontar? ¿Qué era lo que realmente creía acerca de Jesús y acerca de Dios?

Antes de darse cuenta de lo que había ocurrido, vio que había negado a Jesucristo no solo una vez, sino *tres*.

Inmediatamente, no podía creer lo que acababa de hacer. El valiente seguidor había sucumbido ante el temor y había perdido su fe. ¿Cómo podía haberlo hecho? Sabía que Jesús era real. Esa era una de las pocas veces en que Jesús había solicitado su ayuda, y él le había fallado. Y cómo había fallado.

¿Por qué había cedido? Estaba muy avergonzado, terriblemente avergonzado. Nunca podría volver a mirarse en el espejo. El dolor de la culpa era abrumador. Destrozado, puso su cabeza entre sus manos y lloró.

¡El día de la alegría!

Entonces llegó el día que Pedro nunca olvidaría y por el que siempre se alegraría. Miles de personas estaban reunidas en los atrios del templo debido a la celebración de Pentecostés. Con una valentía nada común y una fe valiente, Pedro proclamó de manera orgullosa, apasionada y poderosa las glorias del Señor Jesucristo resucitado. Podían apedrearle; podían crucificarle. No importaba, su fe era mayor que cualquier cosa que pudieran hacerle. ¡Jesús estaba vivo! ¡Había resucitado de los muertos! Iba a contárselo al mundo, no importaba a qué precio.

La multitud estaba inspirada y profundamente impresionada por las palabras llenas de fe de Pedro. Tenían el peso de autoridad de la Palabra de Dios. La multitud recibió las palabras de Pedro, las creyeron, y estaban dispuestos a obedecerlas. Era sorprendente. Tres mil personas estaban dispuestas a seguir a Jesús y ser bautizados en agua, y todo debido a Pedro y sus palabras.

El refinamiento de tu fe

Fue con una visión más clara y una mayor experiencia, unos treinta años después Pedro pudo escribir palabras que produjeran fe. Sus palabras estaban diseñadas para animar y educar a las personas que se estaban enfrentando a unos graves sufrimientos y persecuciones dolorosas debido a su fe en Jesucristo. Eran buenas personas que estaban intentando sobrevivir en una vida llena de complicaciones. ¿Por qué estaban sufriendo unos tiempos tan duros?

Pedro respondió esta pregunta. Él no azucaró las pruebas, pero aplaudió sus beneficios. Lee despacio las palabras de Pedro.

> *Esto es para ustedes motivo de gran alegría, a pesar de que hasta ahora*
> *han tenido que sufrir diversas pruebas por un tiempo. El oro, aunque*
> *perecedero, se acrisola al fuego. Así también la fe de ustedes, que vale*
> *mucho más que el oro, al ser acrisolada por las pruebas demostrará*
> *que es digna de aprobación, gloria y honor cuando Jesucristo se revele.*
> *Ustedes lo aman a pesar de no haberlo visto; y aunque no lo ven ahora,*
> *creen en él y se alegran con un gozo indescriptible y glorioso, pues están*
> *obteniendo la meta de su fe, que es su salvación.*
>
> 1 PEDRO 1:6-9

¿Gozarse en las pruebas? ¿Una fe más preciosa que el oro? ¿Acriso-
lada por fuego? ¿De qué estaba hablando Pedro?

Refinada por fuego

El oro es un metal muy preciado. Su carácter resplandeciente, su
hermoso matiz, su dúctil estructura y propiedades metalúrgicas únicas
(incluyendo la resistencia a perder el brillo, la corrosión y la indes-
tructibilidad) hacen que el oro sea uno de los metales preciosos más
codiciados del mundo desde los comienzos de la Historia. Los artistas
egipcios, minoicos, asirios y etruscos de la antigüedad elaboraban
artículos de oro desde el año 3000 a.C. A medida que se desarrollaron
sistemas económicos más complejos, el oro se usó como una moneda
de alta denominación y finalmente como respaldo de los sistemas de
papel moneda.

Sin embargo, cuando está en la mina, el oro no está en un estado
puro. De modo natural el oro está disperso por la tierra y normalmente está mezclado con otros elementos, como la plata, el cobre, el plati-
no y el paladio. Para poder aislar el oro puro, se necesita un proceso de
refinamiento.

El oro lo derriten los hábiles artesanos usando un calor intenso.
El fuego separa el oro y la plata de las impurezas. El horno se calienta a temperaturas extremadamente altas. El oro se derrite a 1.062
grados centígrados o 1.943 grados Fahrenheit; por tanto, se funde a

temperaturas mayores. El refinamiento es una práctica que se debe hacer de forma precisa y metódica para asegurar la total recuperación del oro y para producir un producto final que esté libre de impurezas.

Los orfebres calientan el mineral del oro en un horno. Al hacerlo, las impurezas se separan del oro, y las separan. Esto lleva tiempo, ya que no todas las impurezas se separan a la vez; algunas aparecen sólo cuando aumenta la temperatura. Tras una cantidad apropiada de calor y la subsiguiente separación de las impurezas, el producto final es oro puro y hermoso.

Lo que Pedro está diciendo en su primera carta es que él ha aprendido que podemos encontrar gozo en nuestras pruebas *porque* Dios puede usarlas para refinar nuestra fe. Aunque el oro puro es muy valioso en esta vida, la fe pura es mucho más valiosa en esta vida y de forma especial en la siguiente. Esta fe sólo se puede refinar en el horno de la aflicción.

El calor intenso del sufrimiento severo separa nuestra fe pura en Dios de la escoria de nuestra confianza en otras cosas. La confianza en las cosas materiales, en otras personas y en nosotros mismos demuestra ser insuficiente en el calor de las pruebas intensas. Sólo la fe pura en Dios nos ayudará a prosperar.

El refinador, el crisol, el fuego y el oro

Amy Carmichael llevó una vida retadora de una dedicación desinteresada y un total abandono al Salvador. Ella tenía un propósito: dar a conocer el amor de Dios a los que estaban atrapados en la total oscuridad. De joven, obedeció el llamado de Dios y fue a Dohnavur, India, donde trabajó durante cincuenta y seis años como misionera, sin tomar ni un sólo permiso.

Amy experimentó las pruebas. Vivir como misionera soltera en India a finales del siglo XIX era algo muy difícil. Lo que le ayudaba era su llamado a salvar a las niñas que habían sido vendidas como esclavas por sus familias para ser usadas como prostitutas de los templos hindúes. Una vez rescatadas, esas niñas necesitaban atención y cuidado, alimento, casa y educación. Su organización, Dohnavur Fellowship, llegó a ministrar a cientos de esas niñas.

Más adelante, Amy experimentó una terrible caída y se quedó inválida para los siguientes veinte años de su vida. Amy, una autora de talento, pasó el tiempo de su reclusión escribiendo muchos de sus treinta y cinco hermosos libros, incluyendo *Candles in the Dark; Edges of His Ways; God's Missionary; His Thoughts Said…His Father Said; Thou Givest…They Gather; If;* y *Toward Jerusalem.* En *Gold by Moonlight* ella habla de su experiencia con el fuego del refinador.

> Un día llevamos a las niñas a ver a un orfebre refinar el oro según se hacía antiguamente en el Oriente. Se sentaba justamente al lado de su pequeño fuego de carbón… el orfebre nunca abandonaba el crisol una vez que estaba en el fuego…
>
> En el crisol estaba la medicina hecha a base de sal, tamarindo y polvo de ladrillo quemado, e incrustado en ello estaba el oro. La medicina hace su trabajo sobre el oro, "luego el fuego se lo come" y el orfebre levanta el oro con un par de tenazas, lo deja enfriar, lo frota entre sus dedos, y si no está satisfecho lo vuelve a poner de nuevo en medicina fresca.
>
> Esta vez sopla el fuego para que esté más caliente, y cada vez que coloca el oro en el crisol, el calor del fuego aumenta: "No podía soportar tanto calor al principio, pero ahora sí puede; lo que antes lo hubiera destruido ahora es de ayuda".
>
> "¿Cómo sabes cuándo está purificado el oro?", le preguntamos, y él respondió: "Cuando puedo ver mi rostro en él, entonces es puro".[5]

Dios el orfebre

Dios es el maestro Orfebre de nuestra fe. Él usa sabiamente el calor de la aflicción para producir el oro puro de la confianza genuina en Él. Él calienta el horno con cuidado, permitiendo que las impurezas de nuestra fe se separen de lo auténtico. Estas se separan, revelando una fe pura. El amado maestro de la Biblia, Warren Wiersbe, observó sabiamente:

> *Cuando Dios permite que sus hijos pasen por el horno, mantiene sus ojos en el reloj y su mano en el termostato. Su amoroso corazón sabe cuánto y cuánto tiempo (1 Pedro 1:6-7).[6]*

Dios el Orfebre sabe la cantidad correcta de calor de sufrimiento que puede permitir para purificar nuestra fe. Sabe exactamente durante cuánto tiempo permitir que continúe nuestra tribulación para hacer que nuestra fe sea "tan buena como el oro". Él seguirá con el proceso hasta que pueda ver su reflejo en la pureza de nuestra fe.

¿Por qué?

Entonces, ¿por qué permite un buen Dios que sucedan cosas malas a personas buenas? A veces, el intenso calor del sufrimiento es un fuego para refinar, purificar el oro de la fe, forjando el acero del buen carácter.

Notas

1. Merrill y Virginia Womach con Mel y Lyla White, *Tested by Fire* (Grand Rapids: Revell, 1976), p. 29.
2. Ibid., p. 104.
3. Ibid., p. 123.
4. Ibid., sobrecubierta.
5. Amy Carmichael, *Gold by Moonlight* (Fort Washington, PA: Christian Literature Crusade, n.d.), p. 36, énfasis añadido.
6. Warren Wiersbe, citado en David Jeremiah, *A Bend in the Road* (Nashville: W, 2000), p. 5.

Pensamientos finales

Qué hacer cuando te sucedan cosas malas

Hay cosas malas que les sucederán a personas buenas, pero Dios es poderoso, sabio, amante y misericordioso, y puede usar lo negativo para producir muchas cosas positivas.

Una de las lecciones principales del cristianismo es esta: *lo importante no es tanto lo que me ocurre* a mí sino lo que ocurre en mí. Te sucederán cosas malas, pero la gran pregunta es esta: ¿Cómo responderás a ello?

Como hemos visto, una de las historias más significativas de cosas malas que les suceden a personas buenas es la historia de Job. Job era uno de los hombres más morales, justos y buenos e la tierra, y sin embargo, en una rápida sucesión de eventos, lo perdió todo: su riqueza, su salud y sus hijos. Podemos aprender varias lecciones de utilidad de Job con respecto a cómo una persona buena debería responder ante las cosas malas.

Job se enfrentó a su aflicción...

1. Con la decisión de adorar: Job 1:20-21

> *Al llegar a este punto, Job se levantó, se rasgó las vestiduras, se rasuró la cabeza, y luego se dejó caer al suelo en actitud de adoración. Entonces dijo: «Desnudo salí del vientre de mi madre, y desnudo he de partir. El Señor ha dado; el Señor ha quitado. ¡Bendito sea el nombre del Señor!»*
> JOB 1:20-21

Job se enfrentó a su aflicción con adoración. La palabra traducida aquí como "adoración" significa que puso su rostro en tierra en humilde sumisión a Dios. Dijo: "El Señor ha dado, el Señor ha quitado".

Adoró a Jehová como el Único que ordena su vida, que es siempre digno de alabanza aunque en su infinita sabiduría dé o quite. Luego dijo: "¡Bendito sea el nombre del Señor!" La palabra *bendito* significa "hablar muy bien de". Aunque las cosas no le estaban yendo bien a Job, Dios no había cambiado, Él seguía siendo digno de alabanza.

Aprendamos una lección de incalculable valor de Job: *Nuestra respuesta siempre es decisión propia.* No podemos controlar lo que nos ocurre, pero podemos controlar *cómo respondemos a* lo que nos ocurre. Nosotros tomamos la decisión. Cuando lleguen cosas malas, ¿cómo decidirás responder? ¿Con alabanza y adoración? ¿O con pucheros y quejas? ¿Te centrarás en Dios o en ti mismo?

Job tomó su decisión, y esta fue alabar y adorar a Dios. Se postró y dijo: "¡Bendito sea el nombre del Señor!" Dios es digno aun cuando la vida se estropee. Dios es digno, aun cuando la vida nos haga daño. La verdadera adoración puede ser dolorosa y costosa.

2. Sin la sensación de tener el derecho: Job 1:21; 2:9-10

> Su esposa le reprochó: —¿Todavía mantienes firme tu integridad? ¡Maldice a Dios y muérete! Job le respondió: —Mujer, hablas como una necia. Si de Dios sabemos recibir lo bueno, ¿no sabremos también recibir lo malo? A pesar de todo esto, Job no pecó ni de palabra.
> JOB 2:9-10

Poco después de perderlo todo, el pobre Job se despertó cubierto de pies a cabeza de unas llagas dolorosas, feas, supurantes y rojas. Su esposa, la cual no era de mucho ánimo, le dijo: ¿Por qué no maldices a tu Dios y te mueres?" Pero Job rehusó hacerlo.

Job se enfrentó a su aflicción sin un sentimiento de tener el derecho. Su actitud fue: *Vine con nada, y me iré con nada. Lo que tenga entre medias depende de Dios, es su decisión. A veces Él escoge dar, y me ha dado mucho, pero a veces decide quitar. ¿Qué derecho tengo yo a quejarme?*

Observa que no dijo lo que muchas veces nosotros nos sentimos tentados a decir. Él no dijo: "No es justo. Tengo mis derechos. Me merezco algo mejor que esto. Tengo el derecho a vivir una vida sin dolor ni problemas".

No, miró a su esposa, abatida por la pena, y dijo: "¿Recibiremos lo bueno y no lo malo?" Job no esperaba vivir una vida libre de dolor y problemas; entendía que la vida no es fácil, ni cómoda, sino difícil y dolorosa. A veces duele mucho. Él aceptó la realidad sin un sentimiento de tener el derecho.

3. Sin pecar, perder su integridad o maldecir a Dios: Job 1:22; 2:3, 9

A pesar de todo esto, Job no pecó ni le echó la culpa a Dios.
JOB 1:22

A veces vemos el sufrimiento como una justificación para pecar. Creemos que no es justo, que no está bien, así que tenemos una excusa perfectamente buena para pecar. Sin embargo, Job afrontó una aflicción tremenda sin pecar. No permitió que nada, ni siquiera las peores cosas, se convirtieran en una excusa para pecar.

—¿Te has puesto a pensar en mi siervo Job? —volvió a preguntarle el Señor—. No hay en la tierra nadie como él; es un hombre recto e intachable, que me honra y vive apartado del mal. Y aunque tú me incitaste contra él para arruinarlo sin motivo, ¡todavía mantiene firme su integridad!
JOB 2:3

Su esposa le reprochó: —¿Todavía mantienes firme tu integridad? ¡Maldice a Dios y muérete!
JOB 2:9

¿Qué es integridad? La palabra hebrea habla de totalidad, entereza, rectitud, inocencia, sinceridad. En Génesis 20:5 se expresa como "de buena fe y sin mala intención". Se usa en los Salmos como un sinónimo de justicia e inocencia.

171

Job era inocente ante los desastres que se produjeron, y fue inocente después. Las pruebas no le cambiaron para mal. No se amargó, sino que si en algo cambió, fue para bien.

Satanás había esperado que él maldeciría a Dios en su cara (Job 1:11), pero Job no le concedió ese placer. Para Job, Dios era digno de seguirle aunque su vida estuviera en ruinas. Piensa en ello. ¿Qué Dios es mejor? ¿Un Dios que permite sólo cosas buenas o un Dios digno que confianza incluso cuando suceden cosas malas?

4. Rehusando renegar de la vida o de Dios: Job 2:9-10; 13:15

¡Que me mate! ¡Ya no tengo esperanza!
JOB 13:15

El índice de suicidio en Estados Unidos se ha disparado. Mientras que veinte mil americanos son asesinados cada año, treinta y un mil se quitan la vida.[1] Parte de esto, no cabe duda, se produce como resultado de ser una cultura que no sabe cómo manejar el dolor. Desde que somos pequeños oímos anuncios que nos dicen que tenemos el derecho a que alivien nuestro dolor. Así que cuando el tipo de dolor que nos golpea no es de los que se van con una pastilla, nos cuesta mucho tratar con ello. Cuando nos llega la aflicción, es natural querer abandonar.

El dolor puede hacer que queramos quitarnos la vida, pero Job no siguió el consejo de su esposa de abandonar y morirse.

Él deseaba no haber nacido, pero no quería morir o quitarse la vida. Tenía varias "buenas excusas" para quitarse la vida. Había perdido toda su riqueza, todos sus hijos habían muerto, tenía un dolor insoportable, su esposa le animó a quitarse la vida, y más adelante en el libro de Job, sus amigos le dijeron que todo su sufrimiento era culpa de él. Nadie en la tierra le animaba a continuar. Además de todo eso, Dios guardaba silencio a propósito. Sin embargo, Job rehúsa tirar la toalla en cuanto a la vida. Así es como la gente buena tiene que afrontar las cosas malas: con la negativa a tirar la toalla.

Lo que es más sorprendente aún es que Job no tiró la toalla en cuanto a Dios. No siguió la intención de Satanás, que era presionarle para que se resintiera con Dios. Él rehusó tirar la toalla en cuanto a Dios, y tuvo una fe que fue más allá de las cosas buenas y le llevó a través de las malas. No creyó *por* las circunstancias, sino que creyó *a pesar de* las circunstancias. Como vimos en el capítulo 2, este tipo de fe puede cerrar la boca de Satanás.

Piensa en ello. Él creyó con mucha menos información de la que tenemos hoy; no tenía Biblia que leer, pues no había sido escrita. No podía recibir consuelo del libro de Job, y la iglesia no existía en ese tiempo. Sin embargo, él permaneció fiel. ¿Te das cuenta lo que esto nos dice? Si él pudo, ¡nosotros también podemos! Podemos ser fieles, podemos resistir, podemos continuar.

5. Con preguntas: Job 3:11; 7:20; 21:7

«¿Por qué no perecí al momento de nacer? ¿Por qué no morí cuando salí del vientre?»
JOB 3:11

«Si he pecado, ¿en qué te afecta, vigilante de los mortales? ¿Por qué te ensañas conmigo? ¿Acaso te soy una carga?»
JOB 7:20

«¿Por qué siguen con vida los malvados, cada vez más viejos y más ricos?»
JOB 21:7

Un mito que se propagó en el cristianismo dice que los buenos cristianos no cuestionan a Dios. No es cierto. La presencia o ausencia de preguntas no revela el nivel de nuestra fe. La fe verdadera lucha con las preguntas, y en medio del dolor, es normal hacer preguntas. Si no hiciéramos preguntas, no seríamos humanos, sino meros robots. A Dios no le importa que le hagamos preguntas. Su persona y su historia pasada pueden hacer frente a nuestras preguntas.

6. Con una pena genuina: Job 3:1; 6:1-3

A esto Job respondió: «¡Cómo quisiera que mi angustia se pesara y se pusiera en la balanza, junto con mi desgracia! ¡De seguro pesarían más que la arena de los mares! ¡Por algo mis palabras son tan impetuosas!»
Job 6:1-3

La razón por la que la respuesta de Job a la aflicción es tan apasionante es porque él no era un robot, sino sangre y carne, un ser humano con sentimientos y emociones. Este hombre perdió toda su riqueza, su carrera, sus empleados y sus empresas. Sus hijos murieron, perdió su salud, estando en un dolor físico constante. ¿Y qué hizo? Hizo lo que cualquier ser humano debería hacer: apenarse.

Job sufrió victoriosamente, pero no sufrió sin tristeza. Este es otro de esos mitos cristianos dañinos: los cristianos fuertes no se entristecen. Eso no es cierto, porque la tristeza es una expresión natural de la humanidad. *Ser cristiano no me hace menos humano. Me hace ser más humano.* No apenarse es un error.

Cuando aconsejo a familias que han perdido a seres queridos, les animo a apenarse. Deberían permitirse sentir emociones comunes que vienen como consecuencia de la pérdida. Necesitan pasar por el inevitable sentimiento de shock y negación y los sentimientos de ira y culpabilidad. Necesitan reconocer la paralizante sensación de pérdida.

7. Orando por otros: Job 42:10

He leído varios libros sobre Job, y carecen de lo que yo considero como una de las mayores claves de este libro. Cuando leas Job, leerás de su pérdida de riquezas, salud y familia. Leerás acerca de su tristeza y preguntas, sus encuentros con Dios, y finalmente, de su liberación de las llamas de la aflicción. Cuando leas esa sección, asegúrate de no pasar por alto el versículo 10.

Después de haber orado Job por sus amigos, el Señor lo hizo prosperar de nuevo y le dio dos veces más de lo que antes tenía.
Job 42:10

Dios no liberó a Job de su dolor y le bendijo doblemente *hasta* que cambió su enfoque de sí mismo hacia otros y oró por sus amigos. El sufrimiento tiene una fea manera de hacernos extremadamente egoístas. La vida se sigue cerrando hasta que lo único que podemos ver son nuestros problemas y nuestro dolor. No debemos permitir que eso continúe. Sí, necesitamos desahogar nuestras frustraciones, y sí, tenemos que apenarnos; pero no tardando mucho, también debemos quitar nuestros ojos de nosotros mismos y ponerlos en las necesidades de los demás. Esto disminuirá nuestro dolor aunque no lo alivie por completo.

Cuando nuestra aflicción nos hace ser egocéntricos, ésta gana, pero cuando la usamos para orientarnos hacia otros, nosotros ganamos. Todos ganamos. Si estás sufriendo, úsalo como una motivación para ministrar a otra persona.

8. Con el deseo de un mediador: Job 9:33

¡No hay un juez entre nosotros que decida el caso por los dos!
Job 9:33

"¿A que no sabes qué? Soy un meditador", me dijo un día mi hijo mayor de forma orgullosa cuando llegó a casa de la escuela primaria.

Cathy y yo nos miramos. *Oh, no,* pensamos. *Ese consejero de la escuela debe estar enseñándoles algo extraño de la Nueva Era.*

—¿Y qué vas a hacer como meditador? —le preguntó Cathy.

Él sonrió.

—Ayudaré a los niños que discuten en los recreos a arreglar sus problemas y a llevarse bien.

Cathy me miró y dijo: —No quiere decir *meditador,* sino *mediador.*

—Eso es —dijo él—. Tengo que ayudar a los niños que discuten en los recreos. Entender ambos puntos de vista y ayudarles a llevarse bien.

De lo que Job se dio cuenta en su afligida condición fue que todos necesitamos un mediador entre nosotros y nuestro santo Dios. Hemos pecado, y Dios no está contento. Tenemos preguntas sobre cómo dirige Él el universo, y en un sentido, Él está muy lejos de nosotros. Necesitamos un mediador, alguien que pueda entender ambos puntos de vista y nos una.

Job estaba escribiendo miles de años antes de que Jesús llegara a la tierra. Lo que sabemos ahora en el siglo XXI que Job no sabía es que el Mediador perfecto ya ha venido.

Porque hay un solo Dios y un solo mediador entre Dios y los hombres, Jesucristo hombre.
1 TIMOTEO 2:5

Cuando estés herido, no necesitas una nueva *explicación* sobre Dios tanto como una nueva *experiencia* con Dios. No necesitas más información, sino más de Dios. A Job le costó llegar a Dios, pero nosotros tenemos acceso al Padre a través del Hijo, Jesús (Efesios 2:18). Su vida, muerte, sepultura y resurrección son la puerta desde tu dolor al corazón de Dios.

Dios te ama más de lo que puedas imaginar.

Llévale tu dolor.

Permite que su gracia te consuele.

Anímate con las muchas bendiciones que Dios puede traer a tu vida a través de tu sufrimiento, especialmente la bendición de una relación más cercana con Él.

Nota

1. National Center for Health Statistics, Data Warehouse, "LCWK9: Deaths, Percent of Total Deaths, and Death Rates for the 15 Leading Causes of Death: United States and Each State, 1999-2003", http://www.cdc.gov/nchs/datawh/statab/unpubd/mortabs/lcwk9_10.htm.